Francisco Hitos

Mártires de La Alpujarra

Barcelona **2024**
Linkgua-ediciones.com

Créditos

Título original: Mártires de la Alpujarra.

© 2024, Red ediciones S.L.

e-mail: info@linkgua.com

Diseño de cubierta: Michel Mallard.

ISBN tapa dura: 978-84-1126-400-6.
ISBN rústica: 978-84-96428-07-2.
ISBN ebook: 978-84-9897-753-0.

Sumario

doña Juana acerca del traje morisco. Visitadores eclesiásticos y sus informes.
Junta de teólogos. Por orden del emperador examina estos informes y los
capítulos de las paces. Fallo de esta Junta. Contradicen los moriscos. En vista de
sus ofrecimientos no se urge el cumplimiento de las disposiciones de la Junta
Párrafo III. Otras disposiciones contra los moriscos. Sus relaciones con el asunto
principal. Consecuencias de su aplicación. El arzobispo don Pedro Guerrero
lleva el negocio al papa. Felipe II manda celebrar un sínodo al que acuden los
sufragáneos del arzobispado. Sus determinaciones son llevadas al Consejo Real.
Se urgen de nuevo antiguas disposiciones. Nueva Junta constituida por el rey.
Capítulos de esta Junta sobre la reforma de los moriscos. Se ordena su aplicación
Párrafo IV. Justificación de las medidas contra los moriscos. Daños de las
dilaciones. Los mismos reyes Católicos rectifican su conducta. Lenidad de
reyes y prelados en su aplicación. No se podía transigir con sus costumbres y
vicios. Engreimiento de los moriscos. Sus esperanzas en el auxilio de turcos y
berberiscos. Profecías y revelaciones de los alfaquíes predicen gran victoria para
los moriscos. La conjuración. Ocho mil hombres empadronados. El levantamiento
en la ciudad y en la Alpujarra. Abenfaraz y Abenhumeya. Persecución sangrienta

Brevísima presentación

La vida
Francisco Antolín Hitos (Monachil, Granada, 2 de septiembre de 1868. España).

Entró en la Compañía de Jesús el 2 de diciembre de 1880, y alcanzó el grado de Coadjutor espiritual el 2 de febrero de 1903. Murió en la década de 1930.

La crónica
Este libro es una crónica muy documentada de las rebeliones de la Alpujarra durante el siglo XVI. Escrito tiempo después, su autor estaba en posesión de numerosos datos y de una perspectiva más historicista. El libro compendia, desde una perspectiva cristiana, muchos de los testimonios clásicos sobre las rebeliones acontecidas tras la conquista de Granada. *Mártires de la Alpujarra* es junto a *Capitulaciones de la Guerra de Granada* y la *Historia de la guerra de Granada*, un texto de referencia para comprender las guerras y los conflictos entre el mundo islámico y el cristiano durante los siglos XV y XVI.

Aquí se describe una época turbulenta y poco conocida de la historia de España. Mientras la nación incrementaba sus dominios en América atravesaba un complejo proceso de integración, exterminio y confrontación entre las diversas comunidades que la integraban. Sorprende, desde la perspectiva de la historia oficial, que, cien años después de la entrada en Granada de los reyes católicos, se impusiesen restricciones como las siguientes:

Mandáronles quitar la lengua, y el hábito morisco, y los baños: que tuviesen la puerta de su casa abierta los días de fiesta, y los días de viernes y sábado: que no usasen las leylas y zambras a la morisca: que no se pusiesen alheñas en los pies, ni en las manos, ni en la cabeza las mujeres: que en los desposorios y casamientos no usasen de ceremonias de moros, como lo hacían, sino se hiciese todo conforme a los que nuestra santa Iglesia lo tiene ordenado: que el día de la boda tuviesen las casas abiertas, y fuesen a oír misa: que no tuviesen niños expósitos: que no usasen de sobrenombres de moros, y que no tuviesen entre ellos Gacis de los Berberiscos, libres ni cautivos.

Declaración del autor

Dada la naturaleza de los hechos que en este libro se refieren, y el carácter sobrenatural que en muchos casos parecen tener los acontecimientos, el autor declara cómo en ningún caso quiere prevenir el juicio de la Iglesia, sino que se atiene en todo a su fallo, suspendiendo su parecer hasta tanto ella dé su resolución en todo, a la cual previamente se somete.

Su carácter de historiador fiel e imparcial pedía de él la más estricta fidelidad en relatar los hechos, tal cual se encuentran referidos en las actas jurídicas de los martirios y autores de nota, los cuales a su vez escriben lo que en dichas actas encuentran o recogieron de boca de testigos fidedignos.

No se podía, pues, desfigurar los hechos, sino trasladarlos al papel tales cuales se encuentran; esperando siempre, como no podía menos, lo que la Iglesia, asistida por el Espíritu Santo, sobre todo ello determine, poniendo para consuelo de los cristianos el sello de su autoridad apostólica. Y todo ceda en honor y gloria de Dios, de Nuestra Señora la Virgen Santísima y de tan valerosos cristianos que no dudaron en ofrecer su vida por Jesucristo.

Fuentes históricas

1.º El documento más autorizado es el que en la obra va citado con el nombre de Actas de Ujíjar, y su título es el siguiente: (Este es un traslado bien y fielmente sacado de autos, y diligencias Fhos. por el año pasado de 1668, en virtud de comisión del Mmo. don Diego Escolano, dignísimo arzobispo de Granada, por el señor doctor don Juan de Leiva, capellán doctoral de su majestad en la Real Capilla de esta Ciudad de Granada, y visitador general de este arzobispado, después capellán mayor en la Real Capilla, y de allí obispo de Almería, del Consejo de Majestad en orden a la justificación de los martirios, que padecieron los cristianos viejos eclesiásticos y seculares del partido de las Alpujarras en la rebelión y levantamiento de los moriscos de este reino por el año pasado de 1568).

Como esta copia está hecha por notarios, con carácter de documento público, y bajo su firma, no cabe dudar de la fidelidad de la copia, que por otra parte tiene la inmensa ventaja de estar escrita en letra más legible que el original que se conserva en el archivo de Secretaría de Cámara. Como además está más ordenado este trabajo, por haber sido encuadernadas estas actas de Ujíjar, ofrece más ventaja para el autor; fuera de que las del Archivo, no se me hubiese concedido tal vez permiso para tenerlas en mi poder. El ejemplar manuscrito en cuestión se conserva en el archivo parroquial de Ujíjar.

2.º La segunda parte histórica, en la cual se aprovechan muchísimos datos de las Actas, es el Memorial del arzobispo Escolano, cuyo título es como sigue: (Memorial a la reina nuestra señora cerca las muertes que en odio de la fe y religión cristiana dieron los moriscos rebelados a los cristianos viejos y algunos nuevos, residentes en las Alpujarras de este reino de Granada, en el levantamiento del año 1568, por Diego, indigno arzobispo de Granada. Impreso en Granada en la imprenta real del licenciado Baltasar de Bolívar, impresor del Santo Oficio. Año 1671).

Además de este ejemplar castellano, del que ya hoy solo queda algún que otro ejemplar, existe en el Seminario uno latino más raro aún, y debe ser copia del que fue mandado al pontífice.

3.º Justino Antolínez, arcediano de Granada, y abad del Sacro Monte, escribió una Historia Eclesiástica de Granada, que no llegó a publicarse, pero cuyo original se conserva en el Sacro Monte. Dedica a los mártires unas cincuenta páginas, y dice textualmente acerca de ello: «Materia buscada con algún cuidado y diligencia, y hallada con dificultad, parte en algunos papeles, que en medio de tanta confusión como hubo en este reino se escribieron por orden de nuestro prelado, tan confusos como el tiempo que corría, y parte por las informaciones que yo hice jurídicamente por mi persona y por la del doctor don Pedro de Villa-Real, visitador general de este Arzobispado y obispo de Nicaragua».

Según sus palabras debió tener en su poder las informaciones que mandó hacer don Pedro de Castro, y que este prelado llevó sin duda consigo a Sevilla, en donde las consultó el autor de la vida del beato Marcos Criado, según lo asegura él mismo. No he tenido igual suerte, y por más que se han buscado en Sevilla en diversas partes, no aparecen. No fue poca fortuna el que las conociera Antolínez y tomara las noticias que nos da en sus escritos.

4.º «Historia de la rebelión y castigo de los moriscos del reino de Granada, dirigida a don Juan de Cárdenas y Zúñiga, conde de Miranda, marqués de la Bañeza, del Consejo de Estado del rey nuestro señor y su presidente en los dos reales consejos de Castilla y de Italia. Hecha por Luis del Mármol Carvajal, andante en corte de su majestad. En Madrid, en la imprenta de Sancha, año de 1797.»

5.º «Historia Eclesiástica de la nombrada Gran ciudad de Granada por don Francisco Bermúdez de Pedraza, canónigo tesorero de la santa iglesia Catedral, año 1637.»

6.º «Historia de Granada, comprendiendo la de sus cuatro provincias: Almería, Jaén, Granada y Málaga, desde remotos tiempos hasta nuestros días; escrita por don Miguel Lafuente Alcántara, Granada, Imprenta y librería de Sane, Calle de la Monterería, n.º 3, 1843.»

7.º «Historia de los Heterodoxos españoles por el doctor don Marcelino Menéndez Pelayo, catedrático de literatura española en la Universidad de Madrid.»

8.º Camargo, Conversión de los moriscos.

9.º Camargo, Expulsión de los moriscos.

10. Cabrera, Historia de Felipe II.

11. Illescas, Historia pontifical.

12. Vander, Don Juan de Austria.
13. Herrera, Historia general.
14. Bleda, Crónica de los moriscos.
15. Vander, don Felipe el Prudente.
16. F. J. Simonet, Cuadros históricos y descriptivos de Granada.

Capítulo I. Razón de este libro

Párrafo único. Los deseos de Dios, de los prelados, de los historiadores y de los mismos mártires. Trabajos de los arzobispos don Pedro de Castro y don Diego de Escolano. Fin de estas páginas. Forma adoptada en su redacción. Algunas deficiencias en el Memorial de Escolano. Voluntad de la Iglesia en esta materia

Ofrecemos al público la historia de los mártires de la Alpujarra, en tiempo de la Rebelión de los moriscos. Y sale a luz con tales circunstancias, que no me cabe duda lo quiere Dios así. Porque en esto satisfago a un vehemente deseo de muchos historiadores y prelados y de los mismos mártires. Y aún podíamos también añadir al de todos los contemporáneos de los mártires y sus descendientes, que en tanta veneración los tuvieron y tanto empeño desplegaron en transmitir a las generaciones posteriores, con sus declaraciones, la memoria de sus nombres y los pormenores de sus muertes. Trabajaron con el fin de verlos en el catálogo de los mártires por lo menos el arzobispo don Pedro de Castro, cuando movido por la celestial aparición de aquellos sacerdotes que se quejaron del olvido en que se les tenía, abrió la primera información sobre sus martirios. Y de lamentar es que por su traslado a Sevilla quedase sin llevar a feliz término esta gloriosa empresa. Con más cuidado aún si cabe, emprendió de nuevo esta tarea el arzobispo don Diego de Escolano, enviando a su Provisor por toda la Alpujarra, a recoger declaraciones juradas en todos los pueblos en los que se conservaba memoria de ellos. Y fruto de estas investigaciones fue el Memorial que envió a Roma y a la reina doña Mariana, con la historia de los martirios.

Sin que sepamos por qué causa, esto cayó de nuevo en el olvido. Y recientemente el señor Meseguer y Costa, según mis noticias, mandó copiar el libro manuscrito, que se conserva en Ujíjar con las actas de los mártires, y lo envió a Roma también, sin que sepamos de ulteriores diligencias sobre esto.

Los historiadores, que son como el eco de su época abogan igualmente por esto mismo con tan ahincado empeño en algunos, que llegan a condenar con acerbas censuras a los prelados, porque no se dieron traza, ni se ocuparon en incoar y seguir adelante el proceso de beatificación.

Hora es ya de declarar más lo arriba indicado, a saber: el fin que tuve al escribir estas páginas, que no fue otro sino preparar el terreno, y ayudar a que se solicite de Roma la beatificación de los mártires. Causa tanta extrañeza a todos los que tienen alguna noticia de los martirios, que hasta el presente no se haya hecho nada en orden a su beatificación, que parece muy natural se den facilidades para el proceso. A mi juicio, la historia de los mártires dará a conocer a todos el tesoro que posee la diócesis granadina. Su conocimiento despertará en mucha gente la devoción a los mártires. Se fomentará la fe y confianza en su patrocinio, se animarán muchos a pensar se trabaje por su beatificación. Y la misma historia dará a conocer las fuentes de donde están tomados los datos, cosa que facilitará sobremanera el incoar el proceso. A mi modo de ver, el enviar a Roma, como hizo el señor Meseguer, todo un volumen indigesto con las actas jurídicas fue una equivocación. Otra cosa es una historia ordenada como la presente, en la que además van tratadas algunas cuestiones que darán mucha luz.

Por otra parte, ha de ayudar no poco la nueva forma que adopto en mi historia, muy distinta del método que sigue Escolano en su Memorial. Con ser el Memorial el trabajo más concienzudo que sobre los mártires se ha hecho, y fue revisado además por una junta de teólogos, todavía deja algo que desear en la forma y queda algo incompleto en algunos datos. En la forma por él adoptada de referir en conjunto lo ocurrido en cada pueblo con hombres, mujeres y niños, solo se impresiona el lector con lo más saliente de los hechos, y quedan como oscurecidos los demás. Nunca pude hacerme cargo, v. gr., leyendo a Escolano, que pudiese resultar una historia tan hermosa de los niños mártires, reuniéndolos todos en un solo capítulo. Esto por sí solo justificaría la nueva forma adoptada en esta historia, de poner por separado a los sacerdotes, a los varones y a las mujeres, niños y moriscas. A vuelta quizá de alguna repetición, pequeño defecto que desaparece en el conjunto, puede el lector disfrutar del edificante ejemplo que dan todos, haciendo destacar a los de una misma clase en un mismo cuadro, resultando de un efecto maravilloso, sobremanera elocuente, la heroicidad de los descritos en cada capítulo.

Además, aunque no pueda decirse en absoluto que Escolano no tuviera en cuenta los datos que trae Antolínez en su historia, no los aprovecha todos, como tampoco todos los de las mismas Actas que él ordenó hacer en la Alpujarra a su Provisor. Y finalmente, no parece que vio la relación que de muchos martirios escribió Almenara, hijo del insigne mártir Francisco Almenara, que murió con cuatro hijos suyos, quedando libre por su poca edad el autor de la relación que lleva su nombre, y él escribió yendo de pueblo en pueblo. Tiene el mérito de ser la relación escrita más inmediata a la catástrofe, pues se escribió solo ocho años después. De sentir es también que ni una palabra se dijera de los prodigios de aquellas procesiones de luces nocturnas.

Por otra parte, cuál sea la mente y la voluntad de la Iglesia y su deseo de que se trabaje en este sentido, bien claro está en las palabras del arzobispo Escolano, aducidas en la nota que precede; ella nos excusa de ser más largo.

Sea, pues, Dios bendito, que ha permitido vea la luz pública esta obra; sea toda la gloria para los santos mártires de la Alpujarra, como los llegaron a llamar sus contemporáneos.

Un ruego me resta para concluir: que todos aquellos que me leyeren vean, según su condición, lo que pueden hacer para que se logre la deseada beatificación de los mártires.

Capítulo II. La Alpujarra

Párrafo I. Por vía de introducción. Cambio de aspecto. Descripción topográfica de esta región. Sus productos. Su historia. Sublevaciones en tiempo de los árabes. Último período de la reconquista. Guerras de la Alpujarra. Conducta del rey Fernando, de Carlos V y de Felipe II. Última rebelión de los moriscos alpujarreños

Al escuchar la pronunciación de la palabra Alpujarra me parece oír una vibración del acero. Lo más original del caso es que algo parecido sucede con su historia, con su topografía y con el carácter de sus habitantes. Su topografía: de ásperas laderas, desfiladeros y barrancos; su carácter: fuerte y sufrido hoy, levantisco e indómito ayer; su historia: historia de independencia, de rebeldías, gloriosas unas, poco honrosas otras.

El término de la última rebelión de los moriscos, de la que en la actualidad nos ocupamos, y que acaba con su expulsión definitiva de la Alpujarra, hace cambiar de aspecto la nueva historia de esta comarca, que desde entonces inicia una era de paz: los pocos cristianos viejos supervivientes de la catástrofe, y los españoles de cepa que de diversas regiones vinieron a poblar, en parte por lo menos, los lugares que dejaron vacíos los moriscos al abandonar esta región, cambian por completo, como no podía menos, el carácter de sus habitantes. Ya no son aquellos moriscos belicosos, taimados, crueles y traidores. Los que les siguieron en la posesión de la tierra no participan de lo agreste del terreno tampoco: hospitalarios, sencillos y laboriosos, hacen más suave la misma aspereza de sus rocas y de sus breñas. Diríase que aquella sangre, que vertieron por Cristo tantos millares de cristianos, fue un riego fecundo de paz y de ventura. El manto de púrpura con que esta sangre vistió la tierra santificada, le ha dado un tinte de nobleza española y de hidalguía tan difícil de borrar que, a pesar de las vicisitudes de los tiempos, aún hoy lo conserva.

Pero ya es tiempo digamos algo acerca de ello.

Comarca montuosa que corresponde a las provincias de Granada y Almería y que se extiende de Motril a Almería. De la Sierra Nevada parten varios contrafuertes en distintas direcciones; hacia el Sur arrancan las sierras de

Contraviesa y de Gádor, llamadas por los árabes Montes del Sol y del Aire, que son el armazón de las Alpujarras. Distínguense las Alpujarras altas u occidentales, entre la cadena principal y las dos secundarias, y las Alpujarras orientales que abarcan la estribación Sur de la parte Este que desciende a las anchas cuencas del río Ujíjar o río Grande, y el Canjáyar o río Almería.

Los valles de esta comarca se distinguen por ser su parte alta la más ancha, y se estrechan y se hacen inaccesibles a medida que se alejan de la cadena principal. Todos terminan por la parte superior en prados alpinos en parte planos, en parte rodeados de pétreas murallas. Las circunstancias locales hacen cambiar la vegetación por todas las formas alpinas de las más variadas graduaciones, hasta llegar a los productos tropicales, incluso los dátiles y la caña de azúcar. Gran parte del territorio de esta comarca es estéril y áspero, pero en todas las zonas hay fértiles valles, bosques de frondosos árboles y riquísimos pastos, y en ellos se mantiene mucho ganado lanar y de cerda; un cultivo esmerado enriquece esta comarca, en ella se ven árboles frutales de un gran desarrollo; las faldas y laderas de las montañas están plantadas en algunas partes de viñedos, de los cuales se sacan las excelentes uvas que, puestas a secar al Sol o pasadas por una lejía de sarmiento, dan el exquisito fruto de que tanto consumo se ha hecho hasta ahora, bajo el nombre de pasa de Málaga. No menos célebres son las uvas de Ohanes. Esta comarca tiene sus montañas ricas en minerales, principalmente en plomo, del que se han extraído anualmente unos 247 millones de kilogramos.

El primitivo nombre con que se menciona esta comarca es el de Ilipula. En la época árabe subleváronse varias veces los habitantes de las Alpujarras, llegando por dos veces a declararse independientes del emirato de Córdoba, nombrando rey propio. En el último período de la reconquista hicieron los árabes de este territorio su último baluarte, favorecidos por lo quebrado del suelo, promoviendo repetidas protestas, pacíficas o belicosas, contra la desconsideración con que, a su juicio, eran tratados después de la rendición de Granada. Estas protestas dieron ocasión a la guerra de las Alpujarras, serie de sublevaciones que duró de 1500 a 1570. En la primera insurrección apoderáronse de casi todas las plazas fuertes de la comarca, e hicieron incursiones contra los cristianos, por lo que Fernando V mandó contra los moros al gran capitán y al conde de Tendilla, poniéndose después el propio monarca al frente de las tropas hasta dominar a los rebeldes. Impúsoles la condición de entregar fortalezas y armas, y pagar un tributo de 50.000 ducados; pero la insurrección quedó latente, siguiendo el levantamiento de partidas. Para contener a los sediciosos, Carlos V promulgó una rigurosa pragmática en 1526, que dio resultado contraproducente, hasta aparecer en 1560 numerosas partidas armadas por aquella sierra. Felipe II, queriendo ser más enérgico, reprodujo la pragmática de Carlos V, adicionando otras cláusulas, que en su lugar veremos.

Los muslimes, creyendo llegada la ocasión de sacudir el yugo cristiano, alzáronse en armas dirigidos por Feraz-Abenfaraz. Proclamaron rey a don Fernando de Córdoba y Válor, descendiente de los Omeyas u Omniadas, quien al renegar del cristianismo tomó el nombre de Aben-Humeya. Feraz creíase con mejor derecho a ser rey por descender de los Abencerrajes, pero transigió por no provocar escisiones, siendo nombrado por Aben-Humeya alguacil mayor con numerosas tropas de alpujarreños y mercenarios turcos y africanos. Feraz, contra la opinión de Humeya, llevó la guerra a sangre y fuego. Felipe II mandó contra los insurrectos al marqués de Mondéjar con un ejército que partió de Granada en 1569, y otro más tarde, al ver que no terminaba la guerra, dirigido por el marqués de los Vélez. Surgieron rivalidades entre estos caudillos, dando lugar a que la guerra se propagara a otras comarcas. Felipe II envió entonces a don Juan de Austria, como generalísimo, y a don Luis de Requeséns con una escuadra para impedir a los moriscos los auxilios por mar. El éxito empezó a decidirse por los cristianos; el marqués de los Vélez conquistó las alturas de Ugir, derrotando a Aben-Humeya, que con el resto de sus fuerzas tuvo que retirarse a Sierra Nevada, donde trató de reorganizarse, pero una conjuración le hizo caer en poder de los cristianos y fue ahorcado. Los moros prosiguieron la guerra proclamando a Aben-Abó, que dio comienzo a una activa campaña tomando algunas plazas, y llegando hasta las calles de Granada. La insurrección amenazaba propagarse a Murcia y Valencia. Para impedirlo tomó don Juan de Austria personalmente la dirección de las operaciones, hasta obligar a los rebeldes a refugiarse en lo más intrincado de las Alpujarras. Entonces publicó un bando prometiendo perdón a los que se sometieran, sin que ninguno lo efectuara, aunque lo había prometido hasta el mismo Aben-Abó. Ante la resistencia pasiva reanudó don Juan la campaña con tal ímpetu, que a fines de 1570 solo restaban unos 400 con armas, escondidos en las fragosidades de la sierra. Cansados de tal vida vendiéronse a los cristianos dos de los más íntimos de Aben-Abó, y éste fue asesinado por los suyos en marzo de 1571, entregando su cadáver en Granada. De este modo terminó la guerra, viéndose después los moriscos obligados a abandonar las Alpujarras por imposición de los vencedores. Esta última rebelión es la época de los mártires que historiamos.

Capítulo III. Causas de la rebelión

Párrafo I. Concesiones de los reyes y deseos de los prelados. Fray Hernando de Talavera y Jiménez de Cisneros. Numerosos convertidos. Resistencias y castigos. Alzamiento en el Albaicín. Ascendiente maravilloso del arzobispo sobre los moriscos. Oportuna intervención del conde de Tendilla. Conducta de los reyes en estos acontecimientos. Alteraciones en algunos lugares de la provincia y serranía de Ronda. Determinación del rey con los que rehusan convertirse

Había llegado el momento feliz de terminar gloriosamente la reconquista con la toma a los moros del último baluarte de su poderío, la ciudad de Granada. Determinada la entrega, los moros pretendieron sacar todo el partido posible de su situación, y así arreglaron los capítulos de su rendición en conformidad con sus aspiraciones. Y aunque ellos, como dice Mármol, trataban estas cosas «con demasiada importunidad», «los vencedores, añade el mismo autor, que ninguna cosa querían más que acabar de vencer, se lo concedieron todo». Y entre otras cosas que dejarán vivir a todos en su ley, y nos les consentirán quitar sus mezquitas, ni sus torres, ni almuedones, ni les perturbarán en sus usos y costumbres.

Aunque algunos prelados y otras personas religiosas pidieron a los reyes con mucha insistencia que como celosos de la honra de Dios, diesen orden para que se prosiguieran con mucho calor el desterrar de España el nombre y secta de Mahoma, mandando que los rendidos, que no se quisieran bautizar, se fueran a Berbería, no vinieron en ello los reyes, no obstante las razones que para esto se daban, diciendo que este proceder lejos de violar lo capitulado, era perfeccionarlo; pues de una parte era atender a la salvación de sus almas de los moros, que ciertamente se perderían, muriendo en la secta de Mahoma, y de otra a la unidad, quietud y pacificación del reino, muy comprometidos, pues todos tenían por cierto que jamás tendrían paz los naturales con los cristianos, ni perseverarían en la lealtad, mientras perseverasen en sus ritos y ceremonias.

Por otra parte los prelados, atentos siempre a la suerte espiritual de sus ovejas, excogitaron medios de atender a la salvación de sus almas. Distinguióse en esta labor muy principalmente fray Hernando de Talavera, primer arzobispo de Granada, muy estimado de los reyes por su mucha virtud, hombre de maravilloso ingenio, gran predicador y muy docto en sagradas letras. Fue tanto su ascendiente con los moros, que muy bien dice Mármol que ninguna cosa más estimada, más venerada y más amada llegaba a sus oídos que el nombre del arzobispo, a quien ellos llamaban el alfaquí mayor de los cristianos y el santo alfaquí. Y de tal manera recibían sus enseñanzas que se venían a oírle los mismos alfaquíes, y se convirtieron muchos de unos y de otros.

En vista de estas numerosas conversiones, los reyes mandaron venir al arzobispo de Toledo, Francisco Jiménez de Cisneros, para que le ayudase en tan grande obra. Puestos de acuerdo, el medio que tuvieron para proceder mansamente, según el mandato de los reyes, que estuvieron en Granada por esta fecha (año 1499) fue mandar llamar a los alfaquíes y morabitos de más posición entre los moros, y con ellos solos, en buena conversación, disputaban y les daban a entender las cosas tocantes a su religión. Con esto creció de nuevo el número de los convertidos, hasta el punto que dentro de breves días vinieron muchos hombres y mujeres a pedir el bautismo, autorizados por sus propios alfaquíes, de tal forma que en un solo día se bautizaron más de tres mil personas, que por cierto fue necesario, por la muchedumbre, que el arzobispo de Toledo los bautizara con hisopo en general bautismo. Se consagró la mezquita del Albaicín y quedó iglesia colegial con la advocación del Salvador.

Dicho se está que no faltaron contradictores de la obra de la conversión, pues no todos los moros miraron bien el correr de sus compatriotas a las aguas saludables del bautismo, y empezaron a buscar ocasión de manifestar su disgusto.

Entre éstos hubo moros principales que se dolían desapareciese la ley de Mahoma de todo punto en España. Juzgó conveniente el cardenal de Toledo intimidarles con algún castigo, a fin de poner freno a sus propagandas contra el nombre de cristiano. Fue uno de éstos el moro Zegrí, que hubo de ingresar en prisión, en la que, convenientemente instruido, vino a cambiar de forma que pidió ver al cardenal, y arrodillado y besando la tierra le pidió el bautismo, diciendo que había tenido revelación de Dios que se lo mandaba.

De aquí nació que otros hiciesen lo mismo, sin que los alfaquíes les fueran a las manos y se lo impidieran. Mandó asimismo el cardenal quemar los libros árabes que tocaban a la secta, y los demás ordenó encuadernar y enviar al colegio de Alcalá de Henares.

El disgusto de los que llevaban a mal la conversión de los moros estalló al fin con ocasión de ciertas medidas que tomó el cardenal para castigar a los renegados o cristianos que habían abrazado la religión mahometana, apostatando de la fe, y que los moros llamaban elches. Las quejas y protestas de una de estas mujeres, a quien llevaba presa un alguacil, que se había hecho muy odioso al pueblo, fue causa de la muerte violenta de éste, de que corriese igual peligro el criado y de que se pusieran en arma los moriscos. Comenzaron a llamar a Mahoma, apellidando libertad, diciendo que se les quebrantaban los capítulos de las paces, tomaron las calles, las puertas y las entradas del Albaicín, se fortalecieron contra los cristianos, y comenzaron a pelear contra ellos, y como ofendidos por la, a su parecer, sobrada diligencia que ponía el cardenal en su conversión, corrieron a la Alcazaba, y le cercaron dentro, sin que fuera parte a contener el movimiento el haber tendido a su defensa el conde de Tendilla, que bajó de la Alhambra al día siguiente. Diez días duró aún la rebelión, durante los cuales trabajaron inútilmente los prelados y el conde con los alfaquíes y principales ciudadanos de ellos por reducirlos a razón, poniéndoles delante de los ojos el yerro que habían cometido levantándose contra los reyes; cosa que ellos desmentían, diciendo, que más bien ellos volvían por la autoridad de las firmas de los reyes, quebrantadas con la violación de los capítulos de las paces, no respetando lo estipulado en materia de religión. En tanta resolución, sostenida con tal encendimiento de pasiones, pasara el negocio adelante, si el arzobispo de Granada no lo apaciguara con un hecho heroico. Porque no habiendo querido oír al conde de Tendilla, ni recibir su adarga, que les enviaba en señal de paz, antes trataron mal al criado que la llevaba, el arzobispo tomó consigo un solo capellán, con cruz alzada delante de sí, y algunos criados, a pie y desarmado se fue a meter entre los moros en la plaza de Bib el Bonut en donde se habían recogido, con tan buen semblante y rostro tan sereno, como cuando iba a predicarles las cosas de la fe. Así como le vieron en aquella actitud, depusieron ellos la suya hostil, y se fueron sumisos al arzobispo, olvidando toda la saña, y le besaron el halda de la ropa, como solían cuando estaban pacíficos. El conde de Tendilla aprovechó esta buena coyuntura, llegó con un alabardero, y quitándose un bonete de grana que llevaba en la cabeza, lo arrojó en medio de los moros, para que entendiesen que iba en hábito de paz. Los cuales lo alzaron, y besaron, y se lo volvieron a dar. Tras largos razonamientos del arzobispo y del conde, de prometerles el perdón de sus altezas, en vista de que aquello, como ellos querían hacer valer, no era sino volver por las firmas de ellos en las capitulaciones, se quedaron en paz; y para que se aseguraran más, el conde hizo una cosa digna de su nombre: tomó consigo a la condesa su mujer, y a sus hijos niños, y los metió en una casa del Albaicín en calidad de rehenes.

No llegaron las noticias sobre la rebelión a Sevilla, donde estaban los reyes, tan en claro que no se disgustasen éstos del proceder que con los moriscos habían tenido. Pero informados más tarde por el mismo cardenal, no solo se aplacaron sino que, oído su descargo, le animaron a proseguir la conversión de los moros. Y no fueron parte a disminuir esta determinación las alteraciones que por este motivo de las conversiones hubo por el reino de Granada aquel año y el siguiente de 1500, en algunos lugares como Güéjar, Andarax y Lanjarón, y que por medio de sus capitanes, o él mismo en persona, allanó y, pacificó, viniendo para esto de Sevilla, en donde, después de pacificada la tierra, se volvió, para tornar de nuevo acompañado de la reina por el mes de julio. En los meses de agosto, septiembre y octubre se convirtieron todos los moros de la Alpujarra, y de las ciudades de Almería, Baza y, Guadix, y de otros muchos lugares del mismo reino de Granada.

No obstante estos progresos, se alzaron los moros de Belefique, los de Níjar, Güevéjar, que al fin fueron vencidos. Y el mismo año de 1501 se alzaron otros lugares de la Serranía de Ronda, y Sierra Bermeja, y Villaluenga, y después de grandes reveses sufridos por los capitanes, muerte de mucha gente y de algunos caballeros principales, fue necesario que el mismo rey Católico saliese, y dejando ir a Berbería a los que no quisieron ser cristianos, se convirtieron los demás allí y en todo el reino. Y lo mismo hicieron dentro de poco los mudéjares que vivían en Toro y Zamora y otras partes de Castilla, que hasta entonces no se habían convertido.

Párrafo II. Falsía de los moriscos en su conversión. Desprecio de las prácticas cristianas. Manejos políticos y tratos con turcos y berberiscos. Disposiciones de doña Juana acerca del traje morisco. Visitadores eclesiásticos y sus informes. Junta de teólogos. Por orden del emperador examina estos informes y los capítulos de las paces. Fallo de esta Junta. Contradicen los moriscos. En vista de sus ofrecimientos no se urge el cumplimiento de las disposiciones de la Junta

No obstante el buen trato y muchas mercedes con que los reyes fueron regalando a los moros, y los favores y buen tratamiento que, por encargo de los mismos, les hacían los ministros de justicia, bien pronto se vio cuán poco aprovechaban estas cosas para que ellos dejaran de ser moros, y no tuvieran más cuenta con sus ritos y ceremonias, que con la de la Iglesia Católica, cerrando de este modo los oídos a cuanto los prelados, curas y religiosos les predicaban; sin que fuese parte en ello el que eran más ricos y más señores de sus haciendas, que en tiempo de los reyes moros. Ayudaba no poco a este estado de cosas la confianza en que vivían de que un día volverían a ser moros y a su primer estado. Y alimentaban esta esperanza los jofores o pronósticos que así lo decían, y con los cuales los principales mantenían a los demás en esta creencia de su futura victoria y próspero reinado. El historiador Mármol condensa en el siguiente párrafo la falsía y fingimiento con que en materia de religión procedían los moriscos, después de convertirse.

«Si iban a oír misa los domingos y días de fiesta, era por cumplimiento, y porque los curas y beneficiados no los penasen por ello. Jamás hallaban pecado mortal, ni decían verdad en las confesiones. Los viernes guardaban y se lavaban, y hacían la zalá en sus casas a puerta cerrada, y los domingos y días de fiesta se encerraban a trabajar. Cuando habían bautizado algunas criaturas, las lavaban secretamente con agua caliente para quitarles la crisma y el óleo santo, y hacían sus ceremonias de retajarlas, y les ponían nombre de moros: las novias, que los curas les hacían llevar con vestidos de cristianas para recibir las bendiciones de la iglesia, las desnudaban en yendo a sus casas, y vistiéndolas como moras, hacían sus bodas a la morisca con instrumentos y manjares de moros.»

No eran menos de temer sus trazas y engaños en el orden político; porque acogían a turcos y moros en sus alquerías y casas, dábanles aviso para que matasen y robasen y cautivasen cristianos, y aun ellos mismos los cautivaban y se los vendían, y así venían los corsarios a enriquecer a España como quien va a unas Indias; y muchas veces se iban las alquerías enteras con ellos y así les acontecía anochecer en España y amanecer en Berbería, con sus vecinos y compadres.

Proveyeron los reyes de Castilla algunas cosas de justicia y buen gobierno para remedio de estos males; entre otras la reina doña Juana, hija y heredera de los reyes Católicos, entendió sería de mucho bien quitarles el hábito morisco, para que con él fuesen perdiendo la memoria de moros. No era gran pena quitarles el traje, y porque fuera menos, se les dieron seis años de plazo para romper los que tenían hechos, y se disimuló más años, hasta que fue mandado cumplir por el emperador don Carlos el año 1518, y suspendido el mismo año a instancia de los moriscos.

El abad, canónigos y beneficiados del Salvador en el Albaicín, que por estar en continuo contacto con los moriscos sabían cómo vivían éstos, informaron de nuevo que guardaban los ritos y ceremonias de los moros, y el año 1526 se proveyó de visitadores eclesiásticos por toda la tierra, siendo nombrados el obispo de Guadix, don Gaspar de Avalos; el licenciado Utiel, el doctor Quintana y el canónigo Pedro López. Después de haber estado en los lugares de los moriscos, informaron los visitadores al emperador, afirmando la conveniencia de que dejaran el trato y costumbres que tenían de tiempo de los moros para ser buenos cristianos.

En consecuencia de esta información, mandó el emperador hacer junta de los más estimados teólogos que a la sazón se hallaban en el reino, para que tratasen del remedio que se podría tener para hacerles dejar tales costumbres. Juntáronse para esto en la Capilla Real de Granada los siguientes: don Alfonso Manrique, arzobispo de Sevilla e inquisidor general de España; don Juan de Tavera, arzobispo de Santiago, presidente del Real Consejo de Castilla y capellán mayor de su majestad; don Pedro de Álava, electo arzobispo de Granada; don fray García de Loaysa, obispo de Osma; don Gaspar de Avalos, obispo de Guadix; don Diego de Villalar, obispo de Almería; el doctor Lorenzo, Galíndez de Carvajal y el licenciado Luis Polanco, oidores del Real Consejo; don García de Padilla, comendador mayor de la Orden de Calatrava; don Hernando de Guevara y el licenciado Valdés, del Consejo de la general Inquisición, y el comendador Francisco de los Cobos, secretario de su majestad y de su Consejo. En esta junta se vieron las informaciones de los visitadores, los capítulos y condiciones de las paces que se concedieron a los moros, cuando se rindieron, el asiento que tomó de nuevo con ellos el arzobispo de Toledo, cuando se convirtieron, y las cédulas y provisiones de los reyes, juntamente con las relaciones y pareceres de hombres graves. Y visto todo hallaron que, mientras se vistiesen y hablasen como moros, conservarían la memoria de su secta y no serían buenos cristianos; y en quitárseles no se les hacía agravio, antes era hacerles buena obra, pues lo profesaban y decían. Mandáronles quitar la lengua, y el hábito morisco, y los baños: que tuviesen la puerta de su casa abierta los días de fiesta, y los días de viernes y sábado: que no usasen las leylas y zambras a la morisca: que no se pusiesen alheñas en los pies, ni en las manos, ni en la cabeza las mujeres: que en los desposorios y casamientos no usasen de ceremonias de moros, como lo hacían, sino se hiciese todo conforme a los que nuestra santa Iglesia lo tiene ordenado: que el día de la boda tuviesen las casas abiertas, y fuesen a oír misa: que no tuviesen niños expósitos: que no usasen de sobrenombres de moros, y que no tuviesen entre ellos Gacis de los Berberiscos, libres ni cautivos. Todas estas cosas se pusieron por capítulos, con las causas y razones que los habían movido a ello; y consultado su majestad, los mandó cumplir. Mas los moriscos acudieron luego a contradecirlos, informando con sus razones morales, como gente que ninguna cosa temía tanto como haber de dejar su traje y lengua natural, que era lo que más sentían; y dieron sus memoriales, e hicieron sus ofrecimientos, y al fin alcanzaron con su majestad, antes que saliese de Granada, que mandase suspender los capítulos por el tiempo que fuese su voluntad; y con esto cesó la ejecución por entonces.

Todavía el año 1530, estando ausente el emperador, mandó la emperatriz despachar reales cédulas al arzobispo, presidente, oidores y moriscos de Granada sobre el traje, ordenando se vistiesen las moriscas como las cristianas. Y otra vez acuden al emperador en nuevas súplicas, representando los grandes inconvenientes que de esto se seguirían; y otra vez también nueva disposición de éste mandando suspender las órdenes hasta su vuelta a España.

No quiero dejar de hacer constar que no hace a nuestro propósito entrar en el examen de las causas y motivos que tuvo el emperador así ésta como las demás veces que mandó suspender la ejecución de las disposiciones dadas en orden a la represión de los moriscos: nos saldríamos del asunto: a nuestro intento basta con hacer constar el hecho.

Párrafo III. Otras disposiciones contra los moriscos. Sus relaciones con el asunto principal. Consecuencias de su aplicación. El arzobispo don Pedro Guerrero lleva el negocio al papa. Felipe II manda celebrar un sínodo al que acuden los sufragáneos del arzobispado. Sus determinaciones son llevadas al Consejo Real. Se urgen de nuevo antiguas disposiciones. Nueva Junta constituida por el rey. Capítulos de esta Junta sobre la reforma de los moriscos. Se ordena su aplicación

Después de lo dicho tienen lugar tres acontecimientos que, aunque no son de índole religiosa, están muy relacionados con nuestro asunto, e influyen en gran manera en el desenlace de todo; motivo por el cual no podemos prescindir de ellos en absoluto: tales son: el haber quitado a los moros el servirse de esclavos negros, el mandato de llevar a sellar sus armas ante el capitán general, los que tenían licencia de usar de ellas, y otra orden asimismo de que los delincuentes no se acogieran a lugares de señorío, ni gozasen de la inmunidad de las iglesias más de tres días.

Fundábase la primera disposición en que aquellos esclavos negros de Guinea los compraban bozales para servirse de ellos, con lo cual ellos les enseñaban los errores de su secta, y los hacían a sus costumbres; en todo lo cual además de perderse aquellas almas, crecía con este la nación morisca con menos confianza de su fidelidad. Lo de las armas era un peligro constante, porque los que tenían licencia compraban más de lo que necesitaban, y las vendían o daban a los monfíes y hombres escandalosos. Sucedió por último que las justicias y consejos de los lugares, que eran cabeza de partido, informaron a los oidores y alcaldes de la Audiencia Real cómo en los lugares de señorío se acogían y estaban avecindados muchos moriscos que andaban huidos de la justicia por delitos, y teniendo allí seguridad, salían a saltear y robar por los caminos, y los señores de estos lugares, a trueque de tenerlos poblados, los favorecían.

No hacen a nuestro propósito los mil incidentes, reclamaciones, división de pareceres en la aplicación de las ordenaciones, dilaciones y otros tropiezos que en todo esto hubo. Basta a nuestro intento con saber que la persecución contra los malhechores, que se acogían a lugares de señorío, dio por resultado, viendo que tampoco se podían acoger a las iglesias, ni estar retraídos más de tres días a ellas, que empezaran a darse a los montes, y juntándose con otros monfíes y salteadores, cometían cada día mayores delitos, matando y robando a las gentes, y andando en cuadrillas tan armados, que las justicias ordinarias eran ya poca parte para prenderlos, por no traer gente de guerra consigo. Así de esta manera se iba preparando aquel ejército de monfíes que más tarde tanto había de dar que hacer.

Con estos precedentes se entiende cómo los moriscos anduvieran desasosegados, y cada día lloviesen quejas en Granada de los daños que hacían viviendo como moros, y comunicándose con los moros de Berbería.

Era a la sazón arzobispo de Granada don Pedro Guerrero, y yendo al Concilio de Trento, llevó consigo el tratar de este punto con el pontífice Paulo III. El cual, enterado de todo, dio encargo al arzobispo para el rey a fin de que este pusiese remedio en que aquellas almas no se perdieran. Como consecuencia de esto el rey don Felipe mandó celebrar un sínodo, al que concurrieron los obispos sufragáneos del arzobispado de Granada, los cuales declararon la conveniencia de poner en ejecución los capítulos aprobados en la junta de la Capilla Real. Mandó el rey el informe al Consejo Real, presidido entonces por el licenciado Diego de Espinosa, obispo de Sigüenza, más tarde cardenal, y teniendo en cuenta que las tolerancias anteriores no habían servido para otra cosa sino para dar ocasión de nuevos delitos, ahora se acordó no admitir demandas ni respuestas en la ejecución de lo mandado.

Y para proveer en ello mandó su majestad, el año de 1566, hacer una junta en la villa de Madrid, en la cual intervinieron el presidente don Diego de Espinosa, el duque de Alba, don Antonio de Toledo, prior de San Juan;

don Bernardo de Borea, vicecanciller de Aragón; el maestro Gallo, obispo de Orihuela; el licenciado don Pedro de Deza, del Consejo de la general Inquisición; el licenciado Menchaca y el doctor Velasco, oidores del Consejo Real y de la Cámara: y todos estos caballeros y letrados se resolvieron en que, pues los moriscos tenían bautismo y nombre de cristianos y lo habían de ser y parecer, dejasen el hábito y la lengua, y las costumbres que usaban como moros, y que se cumpliesen y ejecutasen los capítulos de la junta que el emperador don Carlos había mandado hacer el año 26. Y así lo aconsejaron a su majestad, cargándole la conciencia. Y para excusar importunidades, no se publicaron hasta que lo enviaron al presidente de Granada, que los ejecutase.

Primeramente se ordenó que dentro de tres años, de como estos capítulos fueron publicados, aprendiesen los moriscos hablar la lengua castellana, y de allí adelante ninguno pudiese hablar, leer, ni escribir en público ni en secreto en arábigo.

Que todos los contratos y escrituras, que de allí adelante se hiciesen en lengua árabe, fuesen ningunos, de ningún valor y efecto, y no hiciesen fe en juicio ni fuera de él, ni en virtud de ellos se pudiesen pedir ni demandar, ni tuviesen fuerza ni vigor ninguno.

Que todos los libros que estuviesen escritos en lengua arábiga, de cualquier materia y calidad que fuesen, los llevasen dentro de treinta días ante el presidente de la Audiencia Real de Granada, para que los mandase ver y examinar; y los que no tuviesen inconveniente, se los volviesen para que los tuviesen por el tiempo de los tres años, y no más.

Cuanto a la orden que había de dar para que aprendiesen la lengua castellana, se sometía al presidente y al arzobispo de Granada, los cuales, con parecer de personas prácticas y de experiencia, proveyesen lo que les pareciese más conveniente al servicio de Dios y al bien de aquellas gentes.

Cuanto al hábito se mandó que no se hiciesen de nuevo marlotas, almalafas, calzas, ni otra suerte de vestidos de los que usaban en tiempo de moros; y que todo lo que se cortase e hiciese, fuese a uso de cristianos. Y porque no se perdiesen de todo punto los vestidos moriscos que estaban hechos, se les dio licencia para que pudiesen traer los que fuesen de seda, o tuviesen sedas en guarniciones, tiempo de un año, y todos los que fuesen de solo paño, dos años; y que pasado este tiempo en ninguna manera trajesen los unos ni los otros vestidos. Y durante los dos años, todas las mujeres que anduviesen vestidas a la morisca, llevasen la cara descubierta por donde fuesen, porque se entendió que por no perder la costumbre que tenían de andar con los rostros tapados por las calles, dejarían las almalafas y sábanas, y se pondrían mantos y sombreros, como se había hecho en el reino de Aragón, cuando se quitó el traje a los moriscos de él.

Cuanto a las bodas se ordenó que los desposorios, velaciones y fiestas que hiciesen, no usasen de los ritos, ceremonias, fiestas y regocijos de que usaban en tiempo de moros, sino que todo se hiciese conformándose en el uso y costumbre de la Santa Madre Iglesia Católica, y de la manera que los fieles cristianos lo hacían; y que en los días de la boda y velaciones tuviesen las puertas de la casa abiertas, y lo mismo hiciesen los viernes en la tarde y todos los días de fiestas: y que no hiciesen zambras, ni leylas con instrumentos ni cantares moriscos en ninguna manera, aunque en ellos no cantasen ni dijesen cosa alguna contra la religión cristiana, ni sospechosa de ella.

Cuanto a los nombres ordenaron que no tomasen, tuviesen, ni usasen nombres ni sobrenombres de moros, y los que tenían los dejasen luego; y que las mujeres no se alheñasen.

En cuanto a los baños mandaron que en ningún tiempo usasen de los artificiales, y que los que había se derribasen luego; y que ninguna persona, de ningún estado y condición que fuese, no pudiese usar de los tales baños, ni se bañasen en ellos en sus casas, ni fuera de ellas.

Y cuanto a los Gacis se proveyó que los que fuesen libres, y los que se hubiesen rescatado, o se rescatasen, no morasen en todo el reino de Granada, y dentro de seis meses de como se rescatasen saliesen de él: y que los moriscos no tuviesen esclavos gacís, aunque tuviesen licencia para poderlos tener.

Cuanto a los esclavos negros se ordenó que todos los ricos que tenían licencia para tenerlos, las presentasen luego ante el presidente de la Real Audiencia de Granada: el cual viese si los que los tenían eran personas que sin impedimento ni otro peligro podían usar de ellos, y enviase relación a su majestad de ello, para que lo mandase ver y proveer: y en el ínterin la persona, en cuyo poder se exhibiesen las licencias, las detuviesen, proveyendo en ello el presidente lo que más viese que convenía.

Esta fue la resolución que se tomó en aquella Junta, aunque algunos fueron de parecer que los capítulos no se ejecutasen todos juntos, por estar los moriscos tan casados con sus costumbres, y porque no lo sentirían tanto yéndoselas quitando poco a poco: mas el presidente don Diego de Espinosa, cansado de los avisos que venían cada día de Granada, y abrazándose con la fuerza de la Religión y poder de un príncipe tan católico, quiso y aconsejó a su majestad que se ejecutasen todos juntos.

Párrafo IV. Justificación de las medidas contra los moriscos. Daños de las dilaciones. Los mismos reyes Católicos rectifican su conducta. Lenidad de reyes y prelados en su aplicación. No se podía transigir con sus costumbres y vicios. Engreimiento de los moriscos. Sus esperanzas en el auxilio de turcos y berberiscos. Profecías y revelaciones de los alfaquíes predicen gran victoria para los moriscos. La conjuración. Ocho mil hombres empadronados. El levantamiento en la ciudad y en la Alpujarra. Abenfaraz y Abenhumeya. Persecución sangrienta

En todas las medidas precedentes y que, en orden a poner coto a los desmanes y corrupciones de los moriscos, se tomaron, campea entre todo un gran celo por la salvación de sus almas, y no menor por la conservación de la fe católica en toda su pureza. Hay que vivir la historia de aquel siglo de fe y entusiasmo religioso, tener en cuenta los que habían precedido de lucha sin tregua por la causa católica, para darse cuenta de lo que valen y significan todas estas pragmáticas, y el sacrificio que supone dar una y otra y muchas veces largas y dilaciones a su cumplimiento. El amor de la fe, y la obligación que los prelados y los reyes creían tener de hacer cuanto pudieran para su conservación, y juntamente la necesidad de reprimir todo conato en los moriscos que tendiera a volver a sus antiguos errores, con daño no solo de sí mismos, más aún de cristianos viejos, explican y justifican estas medidas que, si algo tuvieron de malo, fueron las dilaciones y dispensas, y tan largos años de espera, que hubiesen de producir el natural fruto de que los moriscos se arraigaran más y más en sus errores, y se creyesen al mismo tiempo suficientemente poderosos para resistir y no cumplir lo mandado, interpretando como miedo la tolerancia usada con ellos.

Los mismos reyes Católicos, que tan adelante habían ido en sus concesiones en las capitulaciones de la paz, comprendieron se habían excedido en las libertades concedidas, y muy pronto se les alcanzó la necesidad de rectificar su conducta. La rebeldía y levantamiento de los moriscos dieron sobrado pretexto y justificaron las primeras medidas que en orden a esto se tomaron, y la falsía, doblez y engaño con que procedían después, y las muestras evidentes de que su conversión no era sincera, y de que en oculto perseveraban en ser tan sectarios de Mahoma como antes, estaban pidiendo a todo trance el remedio. Si los moriscos se habían bautizado, debían vivir como cristianos, y había derecho a exigírselo de cualquier manera que fuese, si querían permanecer en los dominios del rey de España.

Que en los reyes y prelados hubo siempre buen deseo de ayudarles, de esperarles pacientemente, de ser complacientes con ellos, de atender a sus súplicas de nuevas dispensas y dilaciones, bien se deja ver por las muchas veces que se atendieron sus súplicas, y se suspendieron las órdenes, por los largos plazos que se les dieron para la lengua y los vestidos, y aun las mismas ayudas pecuniarias que se les prometía a los pobres, para poder cumplir con lo relativo a los trajes. Todo lo que suponga de pérdida en los moriscos por la ejecución de la pragmática, es de poca consideración con el daño que suponía para la unidad religiosa, para el bien de las almas, para la paz del reino y para el afianzamiento de la reconquista; y la rebelión que se siguió, por no querer cumplir lo mandado, no se justifica en manera alguna, y mucho menos los excesos que llevaron a cabo. ¿Tanto monta en la vida de un pueblo el cambio de traje? ¿De tanta trascendencia era el dejar una lengua, aunque fuese la suya, que les estaba bien arriesgar su vida por ella? ¿Y tanto era el vivir sin el uso de los baños, sin los cuales se pasaban muy bien sus enemigos? La facilidad con que de todas esas cosas se prescinde hoy en la vida moderna, y en la fusión de pueblos y de razas, tomando por traje, por lengua, por usos y costumbres las que usa y están en boga en la nación en que vivimos, muestran bien a las claras lo que el tiempo vino a descubrir, dando la razón a los que tanto hincapié hicieron, y tanta importancia dieron al prohibir a los moros todas estas cosas, que de suyo no puede negarse son indiferentes en la vida política de un pueblo. Detrás de todo esto se ocultaba otra cosa de más importancia para ellos, y que sirvió de pretexto para la rebelión; como sirvió de causa justificante en los que, por el bien común de la nación y de la Iglesia, una y otra vez tomaron la determinación de hacerla cumplir. Detrás de los zambras y las reuniones a puerta cerrada se ocultaban sacrilegios y abominaciones paganas, que la Iglesia no podía tolerar; los baños eran foco de inmoralidad, con la que no se podía transigir; la lengua y los libros, llenos de supersticiones, alimentaban todo esto; y de la misma manera que los trajes servían de cobertera para mantener siempre vivos, no solo el culto idolátrico de Mahoma, sino las conjuraciones, la inteligencia con los berberiscos, turcos y piratas, manteniendo siempre latente, pero no menos viva por esto, la posibilidad de una insurrección, y la destrucción por consiguiente de la obra gigantesca llevada a cabo a costa de tanto sacrificio. Y aunque el aspecto político no aparecía tan claro, mejor diré se confundía con el religioso, ambos a dos se juntaban para pedir de consuno las medidas que se tomaron. Y es la verdad, que lo que a un pueblo y al otro movía, lo que en todo esto se arriesgaba, y por lo mismo lo que en uno y otro bando se pretendía, era la defensa del principio religioso. Por la defensa de la fe se interesaban teólogos y prelados; al servicio de la misma ponían sus espadas los reyes Católicos, el emperador Carlos V y Felipe II, y por la ley muslímica conjuraban y se insurreccionaban los moriscos. Por eso la rebelión fue despiadada, cruel, y en toda ella no campeaba otro respeto, ni se oyó otra voz que la de la religión, renegando los moriscos de la fe, y predicando y exigiendo a los cristianos viejos, bajo pena de la más cruel de las muertes, la apostasía de su fe secular.

Quizá resulte para muchos un misterio la ceguedad y rebeldía de los moriscos, teniendo en frente todo el poder de Felipe II. Pero ténganse en cuenta varios motivos, bastante poderosos por sí para justificar la temeraria conducta de estos rebeldes. Por una parte, según queda indicado, las dilaciones y largas esperas, consecuencia de múltiples causas que ahora no son del caso, habían engendrado en ellos la creencia de que eran un poder temible a los reyes de España; por otra, la rabiosa desesperación del vencido, que intenta probar fortuna aún a riesgo de perderlo todo, les prestaba el esfuerzo titánico de esta misma desesperación; y no era el menor incentivo para la lucha el motivo religioso que los impulsaba, motivo que, si en todos los pueblos es el más poderoso, en los mahometanos es verdaderamente formidable, por la esperanza de que los que en guerra religiosa sucumban, han de recibir bien mejorado en el otro mundo lo que aquí pierden. Como además contaban con la esperanza, a su juicio segura, de que habían de recibir refuerzos de turcos y berberiscos, solo les faltaba que hubiese quien les asegurase del triunfo definitivo en nombre de Dios y de su profeta Mahoma, y esta voz del cielo para ellos no faltó.

En efecto; la plebe de todos los tiempos es siempre la misma, y siempre, por desgracia, para esa engañada plebe, hay directores y caudillos que la extravía y la convierte en ciego instrumento de sus ambiciones. La codicia y la soberbia con que Satanás tentó a Nuestro Señor Jesucristo cuando le dijo: Todo esto te daré, si cayendo en tierra me adoras, es el arma con que sus instrumentos siempre seducen a las turbas, haciendo brillar ante sus ofuscados ojos la aurora resplandeciente de una felicidad soñada; una victoria segura, una vuelta no menos segura a su antiguo poderío, la humillación y esclavitud del vencedor, la posesión de la tierra perdida, el reinado indiscutible y pacífico para siempre en la misma tierra en que ahora eran servidores y esclavos. He aquí las dulces esperanzas y sueños deliciosos con que sus alfaquíes y directores iban despertando los instintos de aquel pueblo para lanzarlo a la pelea, como el tigre sobre la presa indefensa.

Son notables por cierto los jofores o pronósticos, llovidos del cielo o comunicados a sus alfaquíes, en los que todas estas cosas les prometían, y con los cuales persuadían al pueblo para que se dejase manejar y fraguase la conjuración. Los cuales escritos son los más a propósito para herir la imaginación siempre exaltada de los moriscos. En ellos se empleó un lenguaje simbólico, a veces apocalíptico. Se echa mano de las grandes imágenes que usan los profetas, y hasta se mezclan con mil errores algunas frases de la Sagrada Escritura. Parece que sus autores se inspiraron en los lugares más nebulosos de los profetas: hacen pasar ante los ojos del lector cuadros que estremecen, hecatombes formidables, para venir a parar siempre en el vaticinio de su triunfo. «Los sectarios alcoranistas, dice Mármol, que por ventura los habían compuesto, los glosaban trayéndolos por los cabellos al propósito de su pretensión, que era levantar el reino. Feraz Abenferaz y Danel y otros, fueron los que comenzaron a mover al ignorante vulgo diciendo que ya era llegada la hora de su libertad que los jofores decían.»

Como si estos incentivos fuesen poco todavía, había otros que «so color de astrología judiciaria, añade el mismo Mármol, les decían mil desatinos, fingiendo haber visto de noche señales en el aire, mar y tierra, estrellas nunca vistas, arder el cielo con llamas y muchas lumbres haciendo bultos por el aire, y rayos temerosos de estrellas y cometas, que siempre se atribuyen a mudanza de estado».

Para que nada faltase hasta la fecha del socorro estaba anunciada que había de ser «cuando el año, dice uno de los jofores, entrase en día de sábado».

Excusado es decir el efecto que todo esto, hábilmente manejado, había de producir en un pueblo fanático, supersticioso, oprimido, con el recuerdo de la libertad y predominio perdido, y ansioso de sacudir el yugo. Con tales apremios y acicates el dudar del éxito de la empresa casi era un delito, un pecado de religión, una ofensa a Alá y a Mahoma su profeta; y la mejor preparación era el estar determinado a proceder a sangre y fuego, con ánimo de exterminarlo todo. Se explica aquel instinto destructor, y aquella inhumanidad, característica sobre todo de los monfíes del ejército de Veraz Abenferaz.

Alentado, pues, con tantas esperanzas de éxito, y confiando también en el gran número de moriscos que había en el reino de Granada, empezó a tramar la conjuración para un levantamiento general. Púsose a la cabeza Feraz Abenferaz, del linaje de los Abencerrages, tintorero de arrebol del Albaicín, quien comunicó sus planes con otros moriscos de diversos puntos de la Alpujarra, echando a volar la especie de que tenían a su favor armas, gente y socorro de genoveses, y de turcos y moros de Berbería, y como día mas a propósito, por estar en él ocupados los cristianos en la iglesia, eligieron el día de Jueves Santo del año 1568, aunque después se cambió. No dejaron de ser verdad los tratos con los moros de Berbería y otros enemigos, a quienes llamaban en su ayuda. Se dio orden de empadronar ocho mil hombres en los lugares de la Vega, en las alquerías, Valle de Lecrín y partido de Órgiva, a quienes se les pudiera fiar el secreto, y que estuviesen preparados para acudir a la ciudad con bonetes y tocas turquesas en las cabezas. Se fabricaron en los lugares de Güéjar y Güéntar diecisiete escalas de esparto para subir a la muralla, y se combinó detalladamente el plan de ataque a la vez por diversos lugares de la ciudad, con la ayuda de los moriscos del Albaicín, y los que debían concurrir de fuera de la ciudad.

Sucesos imprevistos hicieron que en algunos puntos se adelantaran, y esto fue causa para evitar una hecatombe en la ciudad; pero no para que el movimiento no corriera como chispa de fuego por toda la Alpujarra, en donde lo embreñado, áspero y montañoso de la parte de la sierra principalmente sirvió a maravilla a los intentos de los rebelados. Fracasada la rebelión del Albaicín, salió Feraz para la Alpujarra. Nombraron en Béznar rey a Hernando de Córdoba y de Válor, con el nombre de Muley Mohamete Aben Humeya, por ser de linaje real, con gran disgusto y no menos grandes protestas de Ferax Aben Ferax, que llegó en esta ocasión a Béznar en son de triunfo. Aunque estuvieron para venir a las manos los dos aspirantes al reinado, pudo componerse todo con que Ferax fuese su alguacil mayor, oficio el más preeminente. Con autorización del rey, que deseaba quitárselo de delante, entró por la Alpujarra «llevando consigo, dice Mármol, trescientos monfíes, salteadores de los más perversos del Albaicín y lugares comarcanos a Granada».

Lo primero que se hizo en esta guerra, para que a nadie cupiese duda que era guerra de religión, guerra sagrada, fue el apellidar nombre y secta de Mahoma, y mandar predicarla; y en todas las ocasiones imponían el renegar de la fe, so pena de sufrir la muerte. De tal forma que apenas hay muerte de cristianos, que en ocasiones eran verdaderas hecatombes y matanzas de muchos, en las cuales no se empiece por exigir el renegar de la fe cristiana con amenazas, con promesas y cuantos medios emplearon los paganos en los siglos de las persecuciones más fieras y sangrientas: he aquí lo que dice Mármol: «Y a un mismo tiempo, sin respetar la cosa divina ni humana, como enemigos de toda religión y caridad, llenos de rabia cruel y diabólica ira, robaron, quemaron y destruyeron las iglesias, despedazaron las venerables imágenes, deshicieron los altares, y poniendo manos violentas en los sacerdotes de Jesucristo, que les enseñaban las cosas de la fe, y administraban los sacramentos, los llevaron por las calles y plazas desnudos y descalzos, con público escarnio y afrenta. A unos asaetearon, a otros quemaron vivos, y a muchos hicieron padecer diversos géneros de martirios. La misma cruel- dad usaron con los cristianos legos que moraban en aquellos lugares, sin respetar vecino a vecino, compadre a compadre, ni amigo a amigo; y aunque algunos lo quisieron hacer, no fueron parte para ello, porque era tanta la ira de los malos, que matando cuantos les venían a las manos, tampoco daban vida a quien se lo impedía. Robáronles las casas, y a los que se recogían en las torres y lugares fuertes, los cercaron y rodearon con llamas de fuego, y quemando muchos de ellos, a todos los que se les rindieron a partido dieron igualmente la muerte, no queriendo que quedase hombre cristiano vivo en toda la tierra que pasase de diez años arriba». Y vaya por delante este tes- timonio de Mármol para que el lector se vaya acostumbrando a las terribles escenas de crueldad y canibalismo que vendrán más tarde.

Capítulo IV. Martirio de los Sacerdotes

Párrafo I. Las prisiones

El sacerdote, personificación odiosa para el morisco. Supersticiones de los mismos. Prisión y muerte de Juan Martínez Jáuregui. Al B. Juan Díez le abren la cabeza con un hacha de partir leña. Al B. Salvador Gutiérrez y al cura Martín Romero sacan las entrañas y las arrojan a los perros. En Jubiles coloquio del licenciado Arcos con la cruz. El licenciado N. Arcos muere en Paterna. Acaba la vida a estocadas en Válor el B. Alonso Delgado después de dura prisión. Al licenciado Navarrete en Jorairátar, después de otros tormentos, le cortan la cabeza. En la cárcel de Poqueira fueron encerrados el vicario Baltasar Bravo y los BB. Juan Félix de Quirós y Bernabé Montanos. Mueren menos el vicario. Bernabé Montanos supo a tiempo la rebelión.

Sacerdote: he aquí el nombre que condensaba en sí tantas cosas odiosas para los rebeldes moriscos, que muy bien pudiera decirse que era la personificación de todo cuanto ellos aborrecían, y el objeto principal de su saña en las crueldades que ejercitaban en los creyentes; y su muerte y exterminio, la obra a su juicio más grata a Dios y a su profeta.

El sacerdote por una parte era la representación más genuina de la raza enemiga, pues los motivos que los dividían de los españoles, y los separaban eternamente de ellos con una sima tan honda, que no había podido cegarse con ocho siglos de lucha, era la religión cristiana, que llevaban los españoles tan adentrada en su alma, como ellos la musulmana.

Además, el sacerdote era para ellos el encargado de predicarles y enseñarles las verdades de la fe, que ellos debían creer y profesar en virtud del santo bautismo que habían recibido. Por añadidura no solo les había de enseñar, sino recordarles con su predicación y ejemplo sus obligaciones y reprender con amor paternal cuando faltaban a ellas.

Y finalmente, si no eran ellos, los sacerdotes, los que debían forzarles a pagar una especie de diezmo, o de multa pequeña, de cera o de dinero, como pena por faltar a la Misa en los días de fiesta, por cuenta de los párrocos y sacristanes corría al menos el cuidado de pasar lista y anotar los que faltaban.

Más aún: como llegaban en su fanatismo a considerar los sacramentos y ceremonias sagradas como cosa nociva, o de mal agüero, fuerza era que el sacerdote pasara ante sus ojos como un hechicero o cosa parecida. No tiene otra explicación lo que hacían con el niño después que había recibido el bautismo en la iglesia. Con agua caliente y fricciones, en cuanto lo permitía su delicadeza, intentaban quitar al recién bautizado lo que el agua, las palabras del sacerdote y unción sagrada habían hecho. Sacrílega invención, en la que no se sabe qué admirar más: si la ignorancia o la mala fe.

No tenían más estima de la santa Misa, a la que iban a veces las mujeres con las almohadillas de la costura para aprovechar el tiempo durante ella, y el despectivo nombre de torta como llamaban a la hostia consagrada, y el hechizo que sin duda consideraban en la campanilla, a la que llamaban la de morir. Con lo dicho basta para comprender mejor lo que sucedería en tiempo de cumplimiento pascual. A la confesión llegaban, se hincaban de rodillas y no había poder humano que les sacase una sola palabra; quedaban como estatuas, según lo certifica el padre Francisco Vílchez, de la Compañía de Jesús, en su libro Santos y santuarios del obispado de Jaén y Baza. Y si hablaban, sería como vimos en el testimonio de Mármol para no decir verdad; fuera de que jamás hallaban pecado mortal como certifica este mismo autor.

De esta misma odiosidad participaban las cosas sagradas, los ornamentos Y las imágenes.

Con todo lo dicho y con no olvidar que el fin inmediato y principal del morisco y su rebelión no era otro que abatir y matar la religión cristiana y hacer prevalecer la del Profeta, se comprende fácilmente que las principales maquinaciones fueran contra el sacerdote.

Los pocos ejemplares de prisiones que se cuentan en esta historia de la rebelión, en que todo se llevaba a sangre y fuego, y a toda prisa, por temor sin duda a las fuerzas que tras ellos habían de subir a hacerles frente, demuestran bien a las claras que hubieran dejado atrás a los sufrimientos de los primeros cristianos en aquellas cárceles sepulturas.

Para referir la historia del sacerdote vizcaíno Juan Martínez Jáuregui, beneficiado de Mairena, dejemos la palabra al doctor Antolínez, ya que compendia quizá mejor y no difiere de lo que sobre él mismo dice Mármol en su historia y Diego de Escolano en su Memorial. Dice así: «No hay fiera tan cruel como un tirano señoreado de su pasión, y poderoso para ejecutar lo que quiere sin resistencia; porque es como un incendio que todo lo abrasa y consume. Ninguno lo fue más en sus principios que el reyezuelo Abenfaraz. Ninguno en más breve tiempo hizo tanta ruina ni pasó tantos cristianos a cuchillo. Puede ser epílogo de sus crueldades el atroz martirio que dieron al bachiller Juan Martínez Jáuregui, vizcaíno de nación y beneficiado del lugar de Mairena, en cuyo cuerpo no quedó arma ninguna que no probase sus filos, ni verdugo que no ejecutase su saña; pero cuando las fuerzas del enemigo más se embravecían cobraba más valor y esfuerzo la constancia del mártir, aunque es verdad que este nombre le merecen todos los que en esta persecución padecieron (pues en general y a muchos en particular se les propuso siguiesen la secta de Mahoma, ofreciéndoles vida, libertad, hacienda y lugares honrados en la república que pensaban fundar). Pero este santo sacerdote vio mil particularidades que sin duda llegan a llenar todo lo que pide el nombre de mártir. Prendiéronle el primer día de Navidad. Robáronle su hacienda y atado le llevaron a casa de Andrés de Carvajal, morisco. Allí le tuvieron quince días padeciendo hambre, sed y muchos malos tratamientos, haciéndole dormir en el suelo. Dábanle solamente a comer un poco de pan de alcandía, arrojándoselo como a un perro: pero en medio de estas aflicciones acudía a la oración, puerto de los que padecen naufragios, fortaleza de flacos, escala verdadera de Jacob por donde bajan mil ángeles a consolar a los afligidos y fortalecerlos en sus tribulaciones. No se puede creer la batería que le dieron, los medios que intentaron para ablandarle, persuadirle y apartarle de la fe católica.

Resistíalos el valeroso soldado de Cristo con ánimo constante y fuerte. Decíales la verdad de nuestra sagrada religión, la antigüedad de la fe en sus pasados, la naturaleza de su tierra, que en ella se había conservado en la general destrucción de España, y que no había venido a las Alpujarras a perderla, antes para que ellos guardasen la que habían prometido a Cristo en el bautismo, que ya la dejaban faltando a lo que debían, de que estaba con doloroso sentimiento, viendo cuán mal se habían aprovechado de su doctrina y consejos, y que no se cansasen en persuadirle, porque estaba muy contento y daba infinitas gracias a Dios por haberle puesto en ocasión de padecer por la confesión de su santísimo Nombre, merced que excedía a cualesquier merecimientos por grandes que fuesen, e inflamado con el deseo que tenía de padecer, les reprendía sus vicios, mostraba con razones el mal fin que debían de tener sus intentos y cuán errado camino llevaban. Endurecidos más con tales razones, y viendo el poco fruto que sacaban, se determinaron de quitarle la vida. Hiciéronlo con extraordinarios martirios. Sacándole desnudo al campo y eras del lugar, diéronle muchas coces, bofetadas y escupiéronle en el rostro y con otras mil injurias le decían: Ya, perro, no nos llamarás a misa. Amarráronle a una higuera y con una lanza abriéronle el costado derecho de este santo sacerdote, que con gran devoción llamaba a Dios en su ayuda y a su Santísima Madre y protestaba que moría por su amor. Embravecidos más con estas palabras, le atravesaron con dos jaras el vientre y pecho izquierdo, y viendo que no habían sido poderosas para acabar de matarle, le desjarretaron ambas piernas; pero en medio de tantas penas deseaba se multiplicasen los tormentos para tener más que ofrecer al Señor. Cumplióse su deseo para mayor felicidad y bien suyo, porque uno de aquellos ministros de Satanás le sembró todo el rostro y cuerpo de pólvora y pegó fuego; y aunque abrasado, quedó con vida, y para acabar de quitársela, cansados ya de tanta resistencia, le atravesaron con dos balas, y así triunfando de sus enemigos y de las miserias de esta vida, fue a gozar de la eterna».

Rebeláronse los vecinos de Nechite, miércoles dos de diciembre, y habiendo llegado el B. Juan Díez de decir Misa de uno de sus lugares, un morisco le quitó por fuerza la mula en que venía, y algunos del pueblo le persuadieron con apariencia de amistad se fiase de ellos y se recogiese en cierta casa, que ellos le guardarían. Hízolo así nuestro beneficiado y llevó consigo a Pedro Valera, su cuñado; a Juan y Luis de Almenara, hermanos y sacristanes de este pueblo. Tuviéronlos cuatro días en esta casa, que les sirvió más de cárcel oscura y hedionda que de defensa, porque en teniendo nueva de las muertes que habían dado los moros de Ujíjar a los cristianos viejos, saquearon el pueblo, quemaron el retablo y fueron a la parte y lugar donde estaba el beneficiado y sus compañeros, y con el mismo doblez y engaño les dijeron que para más seguridad querían llevar al beneficiado y su cuñado a Ujíjar. Puestos en camino los empezaron a persuadir que renegasen, y aunque eran grandes las promesas que por esto les hacían, era mayor su constancia, con la cual el beneficiado les empezó a decir: «¿Habemos nosotros de volver la espalda a Dios que sin venirle provecho nos crió con tanto amor y nos redimió con la pasión y muerte de su Hijo? Y vuelto a su cuñado le dijo: No permita Dios que por nuestra culpa triunfe de nosotros el demonio y sus secuaces. No demos lugar a que una causa tan ilustre y santa como es la de la fe católica quede por nosotros afrentada, ni demos ocasión a que todos los católicos del mundo nos lloren y se lastimen de nuestra miserable caída; y pues la experiencia nos enseña que la mano de Dios es la misma que fue, no hay si no ponernos en ella, que Él nos fortalecerá con los dones sobrenaturales de su gracia». Estas razones y el encomendarse con gran confianza a Dios y a su Sacratísima Madre, fueron causa que los moros le ultrajasen y tratasen mal, y por burla y menosprecio le dijesen: Perro. di «loado sea Jesucristo» (salutación que le fue muy familiar por todo el tiempo de su vida). Pero no por eso dejaba de decirla, con que cobraba esfuerzo, animaba a su cuñado e indignaba a los moros, los cuales a dos tiros de ballesta del pueblo los desnudaron en carnes, ataron las manos, y diciéndoles mil injurias que sufrían con mucha paciencia, les hendieron la cabeza con un hacha de partir leña. Cargaron luego sobre ellos con gran multitud de lanzas y espadas, y entre ellas remataron la vida temporal y comenzaron a gozar de la eterna. Poco después sacaron al mismo lugar a Juan y a Luis de Almenara, desnudáronlos en carnes, y hallándoles unas cruces, fue tan grande su ira y enojo, que con fieros golpes les partieron las cabezas y echaron sus cuerpos por un barranco abajo. El mismo género de muerte padecieron este día Lorenzo Rodríguez y un niño de once años que no se sabe su nombre.

Sobre el tormento de cárcel hedionda tienen que sufrir vejaciones y malos tratos el beneficiado Salvador Gutiérrez y el cura Martín Romero: pero desengañados sus verdugos de poderlos inducir a renegar, juntamente con sus compañeros de prisión, les sacaron el día 30 de diciembre, y después de haberlos desnudado, como tenían de costumbre estos lúbricos verdugos, les ataron fuertemente las manos y les pusieron a la vista de mucha gente para que con sus vejaciones, burlas e injurias abatiesen aquellos ánimos invictos, que ellos no habían podido doblegar. «Oh padre de las misericordias (decían ellos, entre tanto, con ternura y devoción) que nos creaste. «Oh Hijo dulcísimo que nos redimiste, defiéndenos en la unidad de la Iglesia

Católica, para que merezcamos hoy morir por ella». No necesitaban oír otra cosa los sarracenos: como si estas palabras fuesen la señal de acometer, furiosos como energúmenos, a golpes y heridas, quitáronles la vida. Pero no saciándose aún su rabia, muertos como estaban, les sacaron las entrañas y arrojaron a los perros. El licenciado Arcos fue entregado a la gente de guerra. Hinca las rodillas en tierra y hace con muchas lágrimas a Jesucristo una tierna oración, que no le dejaron acabar por apoderarse de él y desnudarle, sin dejarle más que la última túnica, según frase del arzobispo Diego de Escolano. Llevado al pie de una cruz comenzó como otro san Andrés a requebrarse con ella, entre lágrimas y suspiros. No pudiendo los verdugos soportar las exclamaciones y lágrimas del sacerdote, y el caso que hacía de ellas su compañero de martirio Diego Pérez de Lugo, cerraron de repente contra los dos con las espadas y alfanjes con tal furia, que no quedó ninguno que no ejercitara en ellos su crueldad. Corrió pareja con ello la intrepidez y valor de los mártires, pues los moros hubieron de decir: «Aquellos perros cristianos dentro de los cuerpos tenían las espadas y las puntas y no cesaban de invocar a Jesucristo».

Con el mismo intento de hacerles renegar, tuvieron presos en Paterna, desde el día 26 de diciembre al 2 de enero, al licenciado N. Arcos con otros cristianos, diciéndoles muchas injurias contra la cruz y el Sacramento de la Penitencia, y apelando a toda clase de armas para vencerlos.

Quizá sobrepuje a los precedentes la prisión en Válor a que fue sometido el B. Alonso Delgado con otros cristianos. Para que nada faltara, hasta hubo la fingida amistad de un morisco, llamado Abenazaba, que entre otros medios verdaderamente notables que discurrió para engañarlos y hacerles renegar, fue uno el tenerlos dos días desnudos. Bien se deja entender cómo se ponen aquí de acuerdo la vergüenza, el pudor en todos, pero especialmente entre las mujeres, y el frío intenso para derrocar aquellas fortalezas invictas. ¡Horrible tormento!: las pobres mujeres se irían a un rincón a cubrirse las unas con las otras, derramando constantes lágrimas; los hombres, esposos, padres y hermanos de las cautivas, harían otro tanto, encendido el rostro por la indignación.

El digno remate de aquellas batallas diarias, ora con halagos, ora con amenazas, y a veces con engaños y mentiras, para que en Válor el beneficiado Alonso Delgado y sus compañeros de cautiverio renegasen, tuvo el término que se puede suponer. Con pretexto de trasladarlos a otro lugar, a la media legua de camino salen al encuentro muchos sarracenos, los cuales, juntos con los que les llevaban, cerraron contra ellos y a estocadas y cuchilladas los acabaron, esparciendo por el camino sus cadáveres, día de los Santos Inocentes. La prisión del licenciado Navarrete fue una dura porfía para hacerle renegar, pero de rodillas con su sacristán ante el altar de Jorairátar, en donde había estado el Sacramento, suplicaron ambos a sus verdugos les diesen la muerte en aquel mismo lugar. Hicieron mofa de su petición diciendo: «La iglesia la queremos para corral de nuestras ovejas y no querrían entrar si huelen estar enterrados en ella cuerpos de malditos lobos; aunque quedéis en el campo, aun los perros no os querrán comer». Arrastrados hasta la puerta de la iglesia, deseosos todos de ser los verdugos de los mártires, después de haberlos destrozado a estocadas y cuchilladas, les cortaron las cabezas y los entregaron a los muchachos para que vengasen en ellos el odio de la enseñanza del catecismo.

No fue menos dura la cárcel de Poqueira: una cueva horrenda, profunda y sin más cama que el duro suelo, y sin más comida que un poco pan de panizo. A ella fue traído desde Cónchar, con su hermano, el B. Juan Félix de Quirós, después de haber estado otros cuatro días en Cónchar, casa de un morisco. En la terrible cárcel de Poqueira se encontraban ya presos el vicario Baltasar Bravo y el B. Bernabé Montanos, con otros treinta cristianos. Con ser duro el trato de la cárcel, aún fueron más las amenazas, promesas, instancias y toda clase de medios para inducirlos a renegar de la fe cristiana. Así vivieron y se prepararon para el martirio, con confesión de todos, que hicieron con el B. Quirós.

Parece que el gobernador de este punto, Miguel Xava, había concebido esperanza de hacer renegar a los cristianos cuando no tomaba la determinación de matarlos; si no es que, como sucedió más tarde con Baltasar Bravo, pensaba explotar a los cristianos, haciéndoles dar dinero por su rescate. Ello fue que llegó a Poqueira Abenhumeya e impaciente por tanta dilación, reprendió ásperamente al gobernador. Llevó éste muy a mal la represión, y sacó de pronto a todos los presos a una plazuela cercana a la cárcel, en donde les esperaba mucha gente dispuesta a ejercitar en los mártires su crueldad. Aquello debió ser lo que hoy llamamos linchamiento. Apenas aparecieron los mártires capitaneados por Bernabé Montanos y Juan Félix Quirós, hechas de sus manos unas cruces, y animando a los suyos al martirio, cargó sobre los soldados de Cristo tan grande multitud de agarenos que con espadas y alfanjes, en breve tiempo, dieron cuenta de todos, menos del vicario Baltasar Bravo, a quien reservaron para sacar dinero de él; motivo por el cual quedó privado de la gloria del martirio, pues dio tiempo a la llegada del marqués de Mondéjar en socorro de los cristianos. Por el cual motivo se dice quedaron libres las mujeres que estaban presas.

No debemos omitir que Bernabé Montanos, hombre docto, tuvo noticia antes de la rebelión de lo que se trataba, y se partió a Granada a ponerlo en conocimiento del arzobispo. Desestimó el prelado la advertencia, ordenándole volviese luego a su lugar; y por el camino dijo a un amigo suyo: «la rebelión de los moriscos es cierta, aunque mi prelado y los ministros de su majestad no lo crean; voy de muy buena gana a morir por Cristo, porque así lo quiere y lo manda mi prelado, y no volveré a entrar en Granada».

Párrafo II. El precipicio y la garrucha

En Ujíjar se deja caer de una viga un sacerdote venerable. En Pitres por tres veces arrojado de la torre el B. Jerónimo de Mesa. En Mecina Fondales arrojan de una ventana alta al B. Luis Jorquera. Desde la torre de Villalobos es precipitado en Berja el anciano B. Francisco Juez.

Sin duda llama la atención, por lo nuevo, el género de tormentos ensayados en esta persecución, de precipitar de una altura a los mártires. En más de una ocasión se aplicó con éxito regocijado por parte de los verdugos, que gozaban sin duda alguna en atormentar.

Uno de estos casos ocurrió en la villa de Ujíjar, teatro de otros hechos no menos heroicos. A un sacerdote a quien, por su celo en reprenderles sus vicios, tenían especial ojeriza los moriscos, le suspendieron con una cuerda de una viga de la iglesia. Desde esta altura le dejan caer de golpe, que fue tal que, quebradas las piernas y horriblemente mutilado, hubo de expirar enseguida.

Las piadosas amonestaciones que el beneficiado Jerónimo de Mesa hizo en Pitres a los cristianos, encaminadas a sostener su ánimo en la dura prueba del martirio fueron causa de que los moriscos se dieran por ofendidos, y entre una lluvia de palos le atan las manos a las espaldas, y con un cordel le levantan a lo más alto de la torre, desde donde le dejan caer, rompiéndose brazos y piernas. Terrible caso, en que si hay mucho que admirar en el sacerdote, quizá no hay menos materia de admiración en la conducta de su madre, que en otra ocasión celebraremos, pues por una y otra vez que se repitió la crueldad, estuvo ella confortándole, cuando llegaba al suelo, con tales palabras que contrastaban vivamente con las que los verdugos acompañaban al tormento. «Perro, le decían; predícanos ahora; di «Ave María»; llama a tu Dios, veamos si te libra». Bien se deja entender en qué estado quedaría el cuerpo del mártir arrojado por tres veces desde la altura de la torre; reventando sangre por la boca, ojos, oídos y narices, magullado horriblemente y quebrados los huesos por diversas partes, principalmente en los brazos, piernas y cabeza, más parecía masa informe, montón de carne, que hombre. Y sin embargo no pareció a sus verdugos todavía que habían hecho lo suficiente, y convocadas las moriscas a voz de pregonero, estando ya casi muerto, le atan al cuello un cordel y lo entregan a la crueldad de las mujeres, más refinada que la de los hombres; porque con agudos punzones, cuchillos pequeños y punzantes agujas le llenaron de heridas por todo el cuerpo, dando de esta manera su espíritu al Señor.

Parecido fin tuvo en Mecina Fondales el beneficiado Luis Jorquera, a quien después de escarnecer su ministerio diciéndole: «¿Creías apartarnos de nuestra ley de Mahoma con tus prolijos sermones y prácticas y mintiéndonos, engañarnos? Ahora experimentarás el fruto de tus oraciones», y uniendo la acción a las palabras, le arrojaron desde una ventana alta de su casa con tan grande golpe en la cabeza que luego quedó cadáver; y viéndolo muerto, todavía por irrisión le decían: «Ves ahí el premio y honra de tus trabajos».

Compañero de los anteriores en este género de martirio lo fue también en Berja el beneficiado Francisco Juez, anciano de setenta años, que fue arrojado de la torre de Villalobos, y con el golpe de tan gran caída se hizo pedazos.

Párrafo III. Los tormentos

Cruel muerte de los siete canónigos de Ujíjar. Los dos hermanos Lorenzo, BB. de Andarax, con su sacristán sufren terrible muerte. En Mecina Bombarón mueren tres sacerdotes: N. Cervilla a estocadas y partido el cráneo, Juan Palomo raída la cabeza y Juan Sánchez B. con chuzos y lanzas. Muere en Pórtugos el B. de Pitres Juan Díaz de un flechazo. Baltasar de Torres, B. de Pórtugos, después de muchos tormentos, le acaban con espada. En Dalías al B. Garavito le sacan el corazón y las entrañas. Pierde la vida otro sacerdote, N. Guzmán. En Mecina Fondales es acuchillado el B. N. Arcos. En Picena acribillados de saetas, como san Sebastián, mueren los BB. N. Bravo y Pedro de Ocaña. En Murtas acaba degollado y quemado el beneficiado Giménez de Perespeda y su sacristán.

Por ser Ujíjar población tan importante, había una colegiata con seis canónigos y su abad. En esta ciudad, en la que tanto se encrueleció la persecución, no podían perdonar a los sacerdotes. Al contrario, por lo mismo de su importancia religiosa, se ensañaron aquí quizá más que en otras partes contra todo lo que significase cristiandad. Era don Diego Pérez de Guzmán, natural de Illescas, de la provincia de Toledo, el abad, al estallar la rebelión; su dignidad, su calidad de maestro de Teología y sus muchas virtudes le daban gran prestigio entre los cristianos que con él se encontraban prisioneros. El abad ponía ante sus ojos la gloria del martirio, su mérito ante Dios y el valor con que debían abrazarlo. No pudieron los moriscos sufrir estas cosas, y para impedir que las dijera le pusieron en la boca armas de fuego, le desnudan sin piedad y atadas las manos se convidan los unos a los otros diciendo «hagámosle la corona». Una navaja que le rayó la piel de la cabeza hasta el cráneo, y cera ardiendo que dejaron caer en aquella inmensa llaga, completaron el primer ensayo que hicieron con el abad. Juntamente con los otros canónigos, fueron atados por los pies y arrastrados hasta la puerta de la iglesia, y por vía de entretenimiento, en el camino le sacan un ojo al abad. Querían los moriscos sacar todo el provecho posible de los martirios de estos sacerdotes, y así llaman a su presencia a las madres y hermanas de los sacerdotes para obligarlas a presenciar su muerte, esperando que de aquel certamen de dolores de los mártires, y de lágrimas de las mujeres, había de salir la apostasía de los unos o de los otros. Inútil empeño: todos salieron más animados de la prueba, y superada de una y otra parte la vergüenza de la desnudez, entregaron sus cuerpos a la muerte, con el mismo valor intrépido, dejándose degollar los siete. Sus cadáveres fueron después atravesados con espadas. No se libraron por esto de ser arrojados a aquel informe montón de cadáveres que a manera de gavillas de las mieses en el estío, en la era, fueron pisoteados y materialmente trillados por los caballos, como más largamente diremos en otro lugar. La multitud de mártires que hubo en esta ciudad, impidió mayores profanaciones con los cuerpos de los eclesiásticos; pero no se libró el abad de ser seleccionado entretantos, y de ser entregado a las moriscas, y más tarde a los muchachos, para que después de ser tratado con gran ignominia fuese arrojado al campo a la voracidad de las fieras. Ni tampoco perdonaron el cadáver de otro sacerdote, al que partieron por medio, y sacándole las entrañas, las emplearon en manchar y escarnecer con ellas las imágenes del templo.

Los hermanos Juan Lorenzo y Martín Lorenzo beneficiados de Andarax, fueron sentenciados por el mismo Abenfarax, el 9 de enero de 1569, con todas las muestras de crueldad que eran características en este tirano. A Juan Lorenzo mandó desnudar, atar de pies y manos, y poner las piernas sobre un brasero muy encendido para que se le quemasen los pies y las rodillas. Las invocaciones de «Buen Jesús» o «María Santísima», que era la única queja que se le oía, sacaron de quicio a los monfíes; quisieron taparle la boca y se la mancharon con alpargatas llenas de inmundicia y a puntapiés le arrojaron del brasero, y entre burlas y blasfemias, lo entregaron al furor de las moriscas, que con punzones y cuchillos pequeños le sacaron los ojos, golpearon e hirieron terriblemente la cabeza hasta que perdió la vida.

En el valor con que sufrió el martirio no desdijo de él su hermano Martín; promesas, amenazas, seguidas de golpes de cimitarra, solo arrancaron de él pronunciar con mucha devoción y ternura el nombre dulce de María. Ella, su amada Patrona, recogió su espíritu, mientras en fuerza de tirarle cuchilladas le quitaron la vida, y despedazaron su cuerpo horriblemente. El historiador Mármol hace mención de un importante detalle del martirio de Juan Lorenzo: mientras se quemaba en el brasero trajeron dos hermanas suyas, doncellas, para que le viesen morir, y en su presencia las vituperaron y maltrataron.

Parece natural complemento de esta historia la muerte del sacristán Francisco Medina, compañero en el ministerio espiritual de ambos beneficiados.

Desnudo y puesto en medio de la plaza, por orden de Abenfarax, prefecto de los agarenos, convocó éste a todos los muchachos y les dijo: Veis ahí a Medina, os lo entrego para que en adelante no os pueda castigar; tomad venganza por los azotes que os dio por no saber la Doctrina cristiana. El martirio de san Casiano quizá quedó pequeño ante este caso. Con dagas, cuchillos y otros instrumentos, aquellos muchachos vengaron a su sabor los azotes, quitando la vida al sacristán, que durante el tormento no cesó de invocar a Jesús y María.

El mismo día de Nochebuena del año de la rebelión se levantaron los moriscos de Mecina Bombarón y, a parte de otras víctimas, sufrieron martirio por nuestro Señor tres sacerdotes. Desmandados por el pueblo los moriscos y entregados a la tarea de saquear las casas, encuentran en la suya al licenciado N. Cervilla. Le desnudan, mientras le injurian de palabras, y le arrojaron al fin al suelo entre una lluvia de golpes. Atadas las manos a la espalda, fue obligado a seguir por todas las habitaciones a sus expoliadores. Guardó silencio Cervilla hasta que, descubriendo entre sus bienes una imagen de la Madre de Dios, se ensañan contra ella y la dan cuchilladas. No pudo sufrir su tierna devoción a María tan atroz injuria y les reprendió con brío su pecado. No fue esto parte a contenerles, y así prosiguieron en su impiedad con él y con la imagen, hasta que atravesado con una espada cayó en tierra invocando el nombre de Jesús. Partióle con un hacha la cabeza un morisco, y otro, como pesaroso de haber llegado tarde, satisfizo su ira y su encono despedazándole el cuerpo a fuerza de palos. Otro día de mañana le sacan arrastrando y arrojan a un barranco, en donde dos perros suyos, más sensibles que los verdugos, le defendieron por espacio de cuatro días, sin apartarse de él.

Más doloroso fue el martirio del cura del mismo pueblo Juan Palomo. Sacado al campo y desnudo, con una navaja le raen la cabeza toda, con otra hacen lo mismo con la barba, y a cuchilladas y estocadas le dan muerte. Después echan el cadáver en una hoguera, y a medio abrasar le sacan para arrojarle a un gran despeñadero. Por último a Juan González, beneficiado, desnudo, atado a una higuera, le quitaron la vida con asadores, chuzos y lanzas. Bajan después el cadáver, y atado a la garganta un cordel, le arrastran por todo el lugar, que, dado lo empinado de sus calles, quedaría horriblemente destrozado. En esta disposición fue, finalmente arrojado en un albañal.

El beneficiado de Pitres, Juan Díaz Gallego, se encontraba en Pórtugos el mismo día de Nochebuena, que estalló el movimiento. Encerrado con los demás cristianos en la iglesia, se asomó a una ventana de la torre, cuando ya ardía la iglesia, a fin de enterarse de los medios de paz propuestos por los moriscos, y éstos le hirieron de muerte de un flechazo, y de ahí a pocas horas falleció. Pero el tiempo que le restó de vida, lo gastó en doctrinar y animar a los cristianos. La rabia de los verdugos no quedó por esto satisfecha y cuando lograron entrar hicieron menudos pedazos su cadáver. Libróse en este pueblo de Pórtugos una de las más terribles batallas contra los cristianos, y fueron muchos en número los que murieron por la fe, después de gran lucha a fin de que renegasen de ella. Fue objeto muy principal de estos ataques, por su condición de beneficiado de este pueblo, Baltasar de Torres, esperando que si le hacían renegar se seguiría la apostasía de todos los cristianos. Con este propósito se extremaron con él los ofrecimientos, y no solo la libertad, honores, más aún, moras hermosas con quien se desposara. No desaprovechó el beneficiado Baltasar estos plazos que daban a su muerte, y pasó el tiempo en exhortar a los cristianos y animarles de tal forma, que éstos salían muy fortalecidos y deseosos de dar la vida por Cristo.

Viendo los sarracenos lo mucho que perdían, se deciden furiosos a ejecutarle. Desnudo, atado con fuertes ligaduras, tratado mal de palabra y obra, le sacan de la cárcel para darle muerte. Mientras él se encomendaba al Señor repitiendo el nombre de Jesús, salen a su encuentro su madre y hermanas, con grandes llantos y manifestaciones de dolor. Resistió la tentación, recordando a su madre que como la madre de los Macabeos debía alegrarse de su martirio. Llegados a la plaza, con espadas y lanzas le hicieron tan crueles heridas, que a poco murió.

Pocos martirios tan crueles como el que sufrió el maestro Garavito, beneficiado de Dalías, se encuentran en la interminable serie de ellos, con ser muchos y terribles. Puesto en prisión con otros muchos cristianos, cuando llegó su turno al invicto campeón de Cristo le rompen el pecho, y con un cuchillo le abren el vientre, del cual poco a poco le fueron sacando las tripas y asaduras. Arráncanle el corazón y a estocadas hacen añicos el cuerpo. No quedaron satisfechos los verdugos, y un cuerpo que ya no tenía forma de tal, lo llenan de pólvora y pegan fuego. Lo que quedó libre del fuego lo hicieron pedazos. Hay en este martirio una nota de barbarie que por desgracia no fue única en la rebelión; uno de los sarracenos, que se le dio siempre por muy amigo, asó el corazón del mártir, y dándole rabiosas dentelladas se lo comió todo. Después quitan la vida a otro sacerdote, N. Guzmán. Le enviaron desnudo, solo con la camisa, a los cristianos presos en la torre, para que les persuadiera se entregasen. El buen sacerdote aprovechó esta visita para animar al martirio a los cristianos, desentendiéndose de la embajada de los moriscos. Como no se les ocultó a los verdugos el oficio de buen pastor que había hecho, a mosquetazos y balazos le acabaron la vida. Dícese que en esta ocasión fue degollado también otro beneficiado, llamado Antonio de la Cueva.

En Mecina Fondales, además del beneficiado Jorquera, del que tratamos en otra parte, dieron la muerte los moriscos, a cuchilladas y estocadas, a otro beneficiado, N. Arcos, mientras él llamaba con voces altas a María Santísima. Lo más notable de su martirio fue la ingenuidad con que pidió a sus verdugos en pago de lo que había trabajado con ellos enseñándoles la doctrina, un plazo de tiempo para disponerse mejor al martirio. Dicho está que no le fue concedido.

En el lugar de Picena al doctor N. Bravo, sacerdote, le sacaron desnudo de su casa y, atadas las manos, le llevan al campo. El camino fue todo una porfiada lucha de los enemigos, solicitando de él con vehementes empeños el que renegase de la fe; promesas y amenazas, magníficas aquéllas y terribles éstas, se pusieron en juego tocando todos los resortes posibles. No quiero, fue su primera respuesta. Pero como las instancias se repitieran, añadió: Soy cristiano, no quiero apostatar de esta fe; debo morir por Jesucristo. Irritados con esta respuesta, le atan con rigor a un moral, y cual otro san Sebastián, murió con el cuerpo lleno de saetas. La misma porfía enconada tuvieron en este pueblo con el beneficiado Pedro Ocaña. Buen rato persistieron en sus ataques, cambiando de táctica para ver de conseguir la apostasía; en esto llega su madre Catalina de Arroyo; largo razonamiento tuvo Catalina, en el cual tocó todas las razones que había para sufrir valientemente el martirio, principalmente la de ser sacerdote, ministro de la Iglesia, la obligación de dar la vida por ella, la brevedad del sufrimiento y lo eterno del premio. No quisieron oír más los verdugos; empezaron a escupirle en el rostro, y con gran ímpetu disparan sobre él muchas saetas. Cae al suelo a las primeras, y dio tan gran golpe en unos peñascos, que perdió la vida. En otro lugar damos cuenta del fin que alcanzó esta mujer en manos de las moras por su valor cristiano, acompañando a su hijo en el martirio.

De la iglesia de Murtas, en donde quedaban presos y amenazados los demás cristianos, sacan al beneficiado Jiménez de Perespeda, con su sacristán, de muy descompuesta manera, y con señales de cólera, los desnudan y ponen a vista de todo el pueblo en el cementerio, junto a una gran hoguera, con la que amenazan incendiar la iglesia. Mofando de su oficio decían: Apunta las faltas que hemos hecho no habiendo confesado, oído sermón, la explicación de la Doctrina Cristiana y asistir a los Divinos oficios. Si por estas culpas queréis alcanzar perdón, apartad la fe de Cristo, y seguid la secta de Mahoma, con que os concederemos la libertad, y os enriqueceremos con honras y dones. Respondióles con valor el sacerdote, diciéndoles que no había razón para temer a las llamas, porque con la ayuda del Señor el más flaco y débil, saldría más fuerte. Muy contrariados por su respuesta entregan el sacerdote y sacristán a un agareno llamado Misca, hombre impío, cruel y audaz, que tenía las veces de ministro de justicia, para que los degollase. Con abundancia de lágrimas, empiezan el Credo, hacen protestas de su fe, invocan muchas veces el nombre de Jesús, y con gran ánimo entregan la garganta al cuchillo, y a pocos golpes de segur entregaron también las vidas. No depusieron por esto su fiereza sus enemigos, y aunque estaban muertos tiran jaras a sus cadáveres, mientras las mujeres les arrojan a una hoguera. Antes que se abrasaran del todo, arrastrados por el lugar, los hicieron muchos pedazos.

Párrafo IV. Los tormentos

Martirio en Canjáyar, tan lento como horrible, del B. Marcos de Soto. En Padules y Veires halla el marqués de los Vélez un montón de cenizas con miembros humanos. El licenciado Juan Morales, B. de Beires, y el licenciado Andrés Muñoz, B. de Padules, cosido a puñaladas. En Ibiza, acribillado con balas y saetas, es despedazado el B. N. Biezma. En Lanjarón mueren dos beneficiados: N. Espinosa en el incendio y Juan Bautista a cuchilladas. Reunidos en Bayárcal cinco beneficiados: Bernabé de Herrera y Diego de Almenara, BB. de Laroles; Baltasar de las Aves y García Navarrete, BB. de Joprón, y Diego de Molina, B. de Bayárcal, fueron puestos cada uno sobre un brasero, y a medio abrasar acaban con diversos géneros de muertes. Diego de Almazán, B. de Laroles, sufrió martirio en Jubar, abrasado en una hoguera y acuchillado.

Para comprender mejor toda la trama del martirio del beneficiado de Canjáyar Marcos de Soto, conviene recordar algo que dijimos en el párrafo primero y que facilita la inteligencia de algunos pormenores de los martirios ya referidos y por referir. Y es que a fin de poner un estímulo en la asistencia a los actos del culto y de la Doctrina cristiana, se pasaba lista en la parroquia por el sacristán, el cual ponía falta al que no acudía, y había de pagar la multa que por este concepto se le imponía, de una libra de cera, o de cuatro reales, destinados a obras pías.

El beneficiado Marcos Hernández de Soto, vicario de Taha, había sido secretario del Santo Oficio. Con esto se añadía una nueva razón de odio de muerte de parte de los moriscos; y se explica, con todos estos antecedentes, las circunstancias de su martirio, en el cual, por otra parte, debió además influir mucho la presencia, aquel día, en Canjáyar, del más cruel de los monfíes, Ferax Abenfarax.

Obligan al sacristán Francisco Núñez a que llame por lista a todos desde el lugar que solía hacerlo en la iglesia. Y sentado también en el lugar donde solía predicarles, el vicario Marcos, arrastrado hasta allí desde su casa, adonde le buscaron para que dijera Misa, Misa bien singular por cierto. Conforme iban siendo nombrados en la lista, subían al presbiterio en donde estaban ambos, sacerdote y sacristán, atadas las manos del sacerdote a la espalda. Todos tenían licencia para abofetear a su sabor al beneficiado, y bien se puede conjeturar lo que aquello fue. Hubo quien no se contentaba con abofetearle una sola vez, quien le daba hasta cansarse; moriscas más refinadas, como mujeres, que le daban de palmadas en la tonsura, complaciéndose en significar de esta manera su odio al sacerdocio. No iban en zaga los muchachos. Dos horas hubo de sufrir este tormento, al cabo del cual su rostro apareció monstruoso, horriblemente hinchado, y reventando sangre por orejas, ojos y narices, sin contar la que le salía de todo el rostro por haberle arrancado la barba. No se crea por esto que el resto del cuerpo había quedado libre; los puñetazos, los puntapiés y rudos golpes que en todo él había sufrido, le habían completamente magullado.

Con todo se estaba todavía en los preámbulos de la Misa, tan singular, que iba a celebrarse. Empezó en efecto con hacerle al sacerdote las cruces en la frente y en el pecho con agudísimas navajas, que al paso que señalaban con gran herida las cruces, dejaban abiertos grandes surcos en el rostro y pecho, por donde salía a torrentes la sangre. Sufría sin quejarse el heroico sacerdote todos estos tormentos, pero no podía por menos de levantar los ojos angustiadísimos al cielo en demanda de fortaleza para no flaquear en la prueba. Ofendió esto a los verdugos, y resuelven no solo sacarle los ojos, sino hacérselos comer bárbaramente y cortarle la lengua. ¡Qué más quedaba que inventar para hacer sufrir a un hombre! El refinamiento no tuvo límites en esta ocasión, y procedieron a cortarle brazos y piernas, conyuntura por conyuntura. Desde la conyuntura de los dedos de las manos hasta terminar por los brazos y de los dedos de los pies hasta los muslos. ¡Qué corazón tan de fiera suponen todas estas refinadas crueldades! Así quedó solo la cabeza y el tronco. Era tiempo de terminar; ya no tenía vida; le abren, sacan las entrañas y el corazón y lo arrojan a los perros. Con una soga a la garganta del sacerdote, y otra a la del sacristán, se les arrastró fuera de la iglesia, y atados a un olivo les llenaron de saetas, y no quedando otra cosa que hacer, fueron echados a una hoguera, en donde fueron quemados hasta convertirse en cenizas. Solo entonces cesó la rabia de aquellos verdugos, en quienes parecía habían encarnado espíritus infernales.

El lugar de Padules y el de Veires se rebelaron el tercer día de Pascua. Aquí fue tan cruel la persecución, que al llegar los soldados del marqués de los Vélez casi no encontró otra cosa que un montón de cenizas con cabezas, brazos y pies, Por esta causa son muy escasas las noticias. No obstante, en las actas de Ujíjar se dice que el licenciado Andrés Muñoz, de Padules, había convidado este día al licenciado Juan Morales, beneficiado de Veires, y así estaban juntos en Padules. Muy de mañana fueron presos ambos en su casa del beneficiado Muñoz, y habiéndolos desnudado, les intimaron se volviesen moros o se aprestaran a la muerte, pues ya todo el reino de Granada era de moros. Respondieron que eran sacerdotes de Cristo: que no podían hacer tal cosa: que los matasen enhorabuena. Llenos de furia, arremeten contra ellos y los cosieron a puñaladas.

Al estallar el movimiento en Ibiza, 24 de diciembre, creyendo los moriscos estaba ausente el beneficiado N. Biezma, dieron un pregón ordenando buscarle, y prometiendo como premio al delator los vestidos de la víctima: mísero premio que no obstante fue poderoso para mover a dos sarracenos, Benito y Diego de Alme, hermanos, a buscarle en la iglesia, en donde le encontraron, y desnudo lo entregaron a Miguel de Molina, morisco y gobernador de los rebelados. No obstante ser entregado desnudo y atado como reo, el beneficiado Biezma, lo mismo a Molina que a los demás vecinos del pueblo, les reprendió con mucha libertad el espíritu diciendo: No así ciegos y a rienda suelta os dejéis llevar de vuestra ansia y furor; mirad cuán apartado sea el camino que seguís, en el cual perdéis el cuerpo y el alma, cuando faltáis a la fe de Cristo y a la fidelidad a vuestro príncipe. A todo esto ellos respondieron que se dejase de predicar, y dijese en qué ley debía morir. No se intimó por esto el sacerdote, y con la misma autoridad que antes respondió ahora: En la fe de Cristo viví; y de ella no me apartarán los trabajos y tormentos, ni la potestad de todo el infierno, ni la misma muerte. No tuvo límites el furor del gobernador, y por su orden dispararon sobre él muchas balas y saetas los sarracenos, con las que despedazado el cuerpo fue entregado después a los muchachos, que lo arrastraron hasta un barranco.

Es Lanjarón el primer pueblo que se encuentra camino de la Alpujarra, y también fue de los primeros en que los moriscos se rebelaron. Juan Bautista y N. Espinosa, beneficiados, se encerraron en la iglesia con los demás cristianos. Fortalecidos con el sacramento todos, hubieron de perecer al día siguiente abrasados en el incendio que promovieron los enemigos. Entre sollozos era su aclamación constante: Señor Jesús, ayúdanos. Juan Bautista, que se atrevió a echarse por una ventana de dicha iglesia, vino a dar en los alfanjes y espadas de los sarracenos, que le acabaron a cuchilladas, e hicieron muchos pedazos.

Por ser muy fuerte la iglesia de Bayárcal, se acogieron a ella no solo los vecinos de este pueblo, sino de otros dos, Laroles y Joprón. Con ellos entraron también sus sacerdotes, y así vinieron a juntarse aquí cinco beneficiados: Bernabé de Herrera y Diego de Almenara, beneficiados de Laroles; Beltrán de las Aves y García Navarrete, beneficiados del lugar de Joprón, y Diego de Molina, beneficiado de Bayárcal. No confiaron tanto en la fortaleza de la iglesia, que no mirasen más unos y otros en disponerse a morir como buenos cristianos, y así se confesaron todos y recibieron la Eucaristía. Pareciendo a Diego de Molina que, como beneficiado de Bayárcal, a él tocaba tomar la mano en la exhortación al martirio, con la ayuda de los otros sacerdotes empezaron a animar a todos a morir por Cristo. En efecto, fueron cercados por quince escuadras de sarracenos, que decían a voces: Derriba la torre y quema la iglesia. Sintieron los cristianos presos estas amenazas, más bien por el templo de Dios, que por sus vidas, y a fin de evitar ser ellos la causa de este daño, pactaron entregar la torre a condición de la libertad y la vida. Dicho se está que los moriscos, como fementidos, no cumplieron su palabra, y después de causar muchos daños en la iglesia, empieza la obligada lucha por la apostasía. El resultado por lo que hace a los sacerdotes, de los que ahora tratamos, fue el ligarles manos y pies, y untados éstos con aceite, pusieron a cada uno de los beneficiados sobre un brasero bien encendido, para que poco a poco se fueran abrasando por los pies. A medio asar los ataron uno a otro, y así, a puntapiés, les hacían caminar a toda prisa. Fuerza era que con el impedimento de las ligaduras cayeran a cada paso, recibiendo muchas heridas y oyendo al mismo tiempo muchas blasfemias, que sentían más que las heridas. Uno de los moriscos, en señal de antigua amistad con Beltrán de las Aves, quiso usar con él un género de piedad, cual fue el acelerarle la muerte, como lo hizo en efecto atravesándole el pecho con una jara. Cayó muerto en efecto; pero todavía le hubo de asegurar más rematándole a puñaladas con su cuchillo. Dícese que este mismo género de muerte sufrieron los beneficiados Bernabé de Herrera, Diego de Molina y García Navarrete. Nada se dice del fin del beneficiado Almenara, el cual seguramente moriría con sus feligreses. En un escrito del hijo de Francisco de Almenara, y que él dice hizo con mucho cuidado después de la rebelión, se habla además de un bachiller maestro o maestra, beneficiado de Joprón, muerto también en esta matanza de Bayárcal.

Diego de Almazán, beneficiado también de Laroles, se encontraba en Jubar cuando estalló la rebelión en este pueblo. Se daba por amigo suyo un morisco llamado Gaspar, el cual, después de tenerlo dos días en su casa, como fementido y cruel lo entregó. Asaltaron la casa del morisco en el momento que el beneficiado rezaba tranquilamente el oficio divino. Le acometen furiosos y a puntapiés le hacen rodar por las escaleras; muy maltrecho de esta primera embestida, hubo de sufrir otra de palos y golpes tales, que le dejaron casi muerto. Sácanle después al campo, y encienden una gran hoguera, con la que le amenazan si no sigue la secta de Mahoma. Respondió con acento varonil: Yo por Cristo muero, y confesando su católica Fe. Oyendo esto le arrojan a la hoguera; pero como no fuese el efecto tan rápido como fuera su deseo, lo sacan y a estocadas y cuchilladas le acaban de quitar la vida. No quedó aquí la crueldad de sus enemigos; convocado el pueblo a voz de pregonero, se dio licencia a todos para vengar en su cadáver los resentimientos que con el beneficiado tuvieran. Acudió toda la clase de personas, y haciéndole objeto de infinitas injurias, solo quedaron de su cuerpo menudos pedazos, que esparcieron después por el campo. No puedo menos de añadir, para concluir este párrafo, que el testigo Lucas Velázquez, vecino de Bayárcal, aseguran con juramento en las Actas de Ujíjar haber oído a su abuelo que a los sacerdotes a unos les ponían las coronas dentro de un caldero de aceite hirviendo, y a otros les colgaban de las campanas, con cordeles de sus partes pudendas, sacándoles con el peso las tripas, subiéndolos y bajándolos.

Párrafo V. Los tormentos

En Bérchul mueren tres sacerdotes de apellido Montoya, y otro, Cebrián Sánchez. El licenciado Diego de Montoya muere con una jara y a cuchilladas; el presbítero Cebrián Sánchez con un golpe de lanza. Los otros dos Montoyas, con otro del mismo apellido, acaban a cuchilladas. En el lugar de Alcujerio quitan la vida al B. N. Crespo, al que después de enterrado sacan de nuevo para arrastrarle. En Terque mueren por lo menos dos sacerdotes cuyos nombres se ignoran.

Los muchos y variados incidentes que tuvo esta rebelión hizo que se encontraran en Bérchul el 24 de diciembre, día en que estalló el movimiento, tres sacerdotes, que los tres llevaban el apellido de Montoya, a los cuales se juntó al día siguiente otro, llamado Cebrián Sánchez. A todos ellos trajo el Señor a este pueblo de Bérchul para que los cuatro, aunque no de la misma manera, ofrecieran a Dios el sacrificio de su vida, después de vencer denodadamente los ofrecimientos y promesas que a todos se hicieron, como era ya costumbre entre estos musulmanes fanáticos, y cuyas repulsas solían encender más y más el odio sectario con que les daban muerte. Estaba en su casa el licenciado Diego de Montoya, cuando llamaron a su puerta los enemigos. No dio tiempo la cólera y rabia, con que llegaron, a esperar a que se les abriese la puerta; a golpes de hacha cayó ésta destrozada en pocos momentos, y luego a cuchilladas allí mismo le quitaron la vida.

Presos con otros muchos cristianos Juan de Montoya, cura de Alcujerio, y N. Montoya, presbítero, y el presbítero Cebrián Sánchez, se entabla por los moriscos lucha formidable para hacerles renegar y pasarse a la religión musulmana y a su profeta Mahoma, poniendo en juego cuanto en otras ocasiones habían hecho, aunque siempre sin fruto. Viendo la inutilidad de sus esfuerzos, separan de entre los presos a las mujeres, a las cuales a su vez quisieron tomar como instrumento para vencer a los hombres. Dejando esta historia para otra ocasión, fuerza es seguir la suerte de los sacerdotes. Al presbítero Cebrián Sánchez, que, sin duda, iba al frente de otros seglares de Narila, que se habían unido en la prisión a los de Berchul, mientras consolaba a sus compañeros, a quienes con él sacaron a una plazuela, le atravesaron con una lanza con tal acierto, que no necesitó otro golpe para perder la vida.

A la vista de los cadáveres de los de Narila, se entabla nueva lucha para hacerles renegar, como si confiasen hicieran mayor fuerza las promesas puestas en contraste con el amargo fin que habían tenido sus compañeros de prisión. Pero la vista de tan gloriosa muerte produjo efectos enteramente contrarios; se encontraban mucho más animados. Era el día del ínclito protomártir san Esteban. Hincadas las rodillas en el suelo y fijos los ojos en el cielo, los dos Montoyas, a los que se agrega en el martirio otro del mismo apellido, sin que sepamos si era también sacerdote, o pariente tan solo, y juntas las manos ante el pecho con mucha devoción, oyeron llenos de consuelo la sentencia de muerte, y Juan de Montoya, sin poderse contener, usó oportunamente de aquellas palabras del Profeta David: Heme alegrado en estas cosas que me han dicho; iremos a la casa del Señor (Salmo 121).

Llevados al lugar del martirio, a Juan de Montoya le sacan con un puñal un ojo. Con gran resolución el mártir hizo con los dedos la señal de la cruz, diciendo: Por la ley evangélica muero. Perdida del todo la serenidad y la paz por parte de los verdugos con estas últimas palabras, cierran contra los tres, y a cuchilladas les acabaron la vida.

El mismo procedimiento de intimar a renegar de la fe, tuvieron en el lugar de Alcujerio los moriscos con el beneficiado N. Crespo. Cruelmente le quitan la vida. Acaso algún morisco piadoso le dio, sepultura, pero sirvió de poco; al siguiente día lo desenterraron, y como si estuviera vivo le injurian de palabra, dicen muchas blasfemias, le arrastran por el lugar y le arrojan a un profundo barranco.

Los moriscos de Terque usaron de un ardid para que la rebelión tomase desprevenidos a los cristianos; bailes, juegos y otros entretenimientos, tuvieron embebidos en continuas diversiones a sus vecinos, Cuando más descuidados estaban se presenta una escuadra de monfíes que alborotó a todos los cristianos viejos. Estos con sus sacerdotes se retiran a la iglesia, y en ella confiesan sus culpas y reciben el Santísimo Sacramento. Cercan la iglesia los monfíes con amenaza de incendiarla, si no se entregan todos. No vinieron en ello los cristianos viejos, y los monfíes, juntando los hechos a las palabras, pegan fuego a la iglesia, sin que por esto se rinda los cristianos, y el humo empieza a ocasionar la muerte por asfixia hasta siete de ellos. Daban voces los moriscos, y llamaban por sus propios nombres a los cercados, prometiéndoles la libertad y la vida, si se rendían. Con estas instancias, nueve que quedaron se dieron a partido, echándose con cuerdas por las ventanas de la torre, fuera de uno que por haberse roto la cuerda, cayó al suelo, y luego le mataron a golpes y heridas; a los demás llevaron presos a Huécija.

Aunque no se sabe el número de sacerdotes que, con ocasión de la rebelión de Terque, hubieron de padecer, el hecho de la confesión y comunión nos demuestra que los hubo, y el número plural de sacerdotes de que usa el arzobispo Escolano en su Memorial demuestra que no fue uno solo. De sentir es no hayan pasado a la posteridad sus nombres.

Párrafo VI. Los tormentos

En el convento de San Agustín de Huécija mueren trece religiosos con el prior fray Pedro de Villegas. Los BB. de Terque, Almazán y Cazorla, mueren destrozados por toda clase de armas. Sancho Martínez, clérigo, muere en la puerta de la cárcel a cuchilladas. Al B. de Rágol le arrancan la piel y le clavan en la iglesia. Muere degollado otro religioso de San Agustín. Los restos de los religiosos de San Agustín trasladados a Guadix. Un morisco propone apostasía fingida al B. de Soportújar N. Ojeda, y un golpe de ballesta le derriba sin vida y es destrozado. El B. de Bolodín, N. Sánchez, y Juan Rodríguez, B. de Santa Cruz, mueren colgados de un olivo entre una lluvia de flechas. El B. Simón, después de malos tratos, enterrado hasta la cintura, muere a flechazos y balazos. Son degollados otros dos sacerdotes, el vicario Diego de Acevedo y el B. N. de Paz. Al B. de Cobda o presidio, N. Buenaventura, pagan su mucho celo con arrojarle a una hoguera después de muchos tormentos.

La rebelión del pueblo de Huécija y las cosas que con motivo de esto allí sucedieron es de lo que más trágico que ocurrió en toda ella. Dejando para otro lugar otros detalles, nos cuidaremos ahora, y brevemente, de lo que a los sacerdotes y religiosos concierne.

Uno de los lugares de refugio fue el convento de San Agustín, y en él fueron muertos hasta trece religiosos de esta orden con su prior fray Pedro de Villegas (I) y, el gobernador de este lugar Luis de Gibaja.

No bien habían acabado de morir entraron triunfantes los moriscos de Terque, trayendo consigo, a pie y descalzos, a los beneficiados Almazán y Cazorla, diciéndoles muchas injurias. Les echaban en cara la doctrinas que les habían enseñado, las Misas y multas, amenizando todo esto con escupirles al rostro, y con darles bofetadas y puñadas, que ellos con toda humildad y paciencia ofrecían a Dios, dulcificando aquellos malos tratos con saborear el dulce nombre de Jesús y el de su Madre. Llegados al lugar del martirio, e hincadas las rodillas, esperan resignados y contentos el momento de su muerte. De los circunstantes, unos con cuchillos los degüellan, otros con saetas les atraviesan los cuerpos, y otros finalmente con los alfanjes los despedazan.

Sancho Martínez, clérigo, salió de la cárcel de la Audiencia cargado de prisiones, camino de la muerte que le tenían preparada ya sus enemigos. La nota característica del odio de los enemigos a las personas eclesiásticas se dejó ver en su muerte. Porque no tuvieron paciencia para llevarlo a algún lugar despejado en donde ejecutar las crueldades premeditadas. Al contrario, pareció tenían todos vivísimo empeño de llevarse las primicias de la matanza, y así, como quitándose los unos a los otros la vez, apenas echó el pie fuera del umbral de la puerta, a cuchilladas le quitaron la vida.

A un beneficiado del lugar de Rágol, cuyo nombre se ignora, estando diciendo Misa el día de Navidad, le prendieron los moriscos, le echaron un cordel a la garganta, le arrastraron, y después pusieron fin a su vida con un género de tormento nuevo, y quizá único en esta rebelión, en la que se habían de ejecutar todas las crueldades de todos los tribunales y de todas las persecuciones de los tiranos. Estando vivo, le despellejaron como a san Bartolomé, y la piel como trofeo la clavaron en la pared de la iglesia. Hasta este punto fue ingeniosamente cruel la inventiva de los moriscos en sus tormentos.

Todavía hay que añadir otro religioso de San Agustín, que salió libre del incendio de la torre con otros dos criados suyos. Tanto a él como a los otros dos les obligaron, con los pies medio abrasados y enfermos como estaban del incendio de la torre, a pasar en sus hombros a los moriscos de Canjáyar. El premio por esta buena obra fue degollar al religioso, y a uno de los criados desollarle como al beneficiado de Rágol, y es probable tuviera igual fin el otro. Sea esto dicho de paso, aunque no pertenezcan estos dos últimos a las personas eclesiásticas, de quienes ahora hacemos historia.

De todo esto resulta que, en Huécija, donde hubo tantos mártires, hubo el mayor contingente quizá de personas eclesiásticas; los trece religiosos de San Agustín, los dos de Terque, el clérigo Sancho Martínez, y el beneficiado de Rágol, y este último; que hacen un total de 18.

Los restos de los religiosos de San Agustín fueron arrojados al alperchín de una almazara, y después fueron trasladados con honra al convento de San Francisco de la ciudad de Guadix, en la capilla de don Fernando Barradas, adonde les puso don Lope de Figueroa, su hermano, para enriquecer con este tesoro su propia sepultura y capilla.

En Soportújar habían preso al bachiller N. Ojeda, beneficiado, en casa de un morisco, parece que con otros cristianos, mientras mantenían encerradas en la iglesia a las mujeres. Llegó un cabo de los moriscos rebelados y ordenó sacar a los unos y a las otras, temiendo la llegada del marqués de Mondéjar, y a toda prisa los llevaron por caminos muy montañosos porque no diesen con ellos. Caminaba en medio de la turba y como capitán de ella el bachiller N. Ojeda. No podía faltar aquí la consabida intimación de renegar de Cristo y confesar a Mahoma, so pena de morir sin remedio. Tuvo esta vez la lucha y forcejeo por la fe una nota pintoresca; pues el buen moro Zacarías de Aguilar, capitán de la gente de guerra, trató de persuadir al sacerdote fingiese la apostasía, si de hecho no la quería: que siguiese el ejemplo de los moriscos, que no siendo cristianos de corazón, disimularon tanto tiempo el ser cristianos. No hay que decir cómo rechazó el partido el sacerdote de Cristo, confesando, para que lo entendiera bien, que mediante el auxilio divino, que no le había de faltar, entregaría mil vidas que tuviera. De camino les afeó su conducta, reprobó la secta de Mahoma, y predicó las excelencias de la fe católica. En estas pláticas, y después de media legua de camino, descubrieron a Abenhumeya, que venía con refuerzo de gente de guerra para ayudar a los moriscos levantados, el cual ordenó matar al sacerdote y llevar cautivas a las mujeres y niños. Un golpe de ballesta, que cayó como terrible maza sobre la cabeza del bachiller Ojeda, le derribó sin vida en tierra. Como si esta fuera la orden de acometer todos, no quedó uno que no contribuyera con sus golpes a destrozar el cuerpo del ilustre mártir.

El maestro N. Sánchez, beneficiado del lugar de Boloduy, y Juan Rodríguez, beneficiado de Santa Cruz, prestaron un gran servicio a los cristianos varones de Santa Cruz y del Jergal, cuando el gobernador Gorri ordenó quedarse en Jergal las mujeres, y que fueran trasladados los hombres a Canjáyar. Obligados los cristianos a ir en esta marcha con paso acelerado, se les hacía más amargo y duro el camino; porque sobre las fatigas de la caminata, cayeron sobre ellos las instancias porfiadas de los moriscos para que dejasen la fe y la cambiaran por la religión de Mahoma. Los dos sacerdotes dulcificaron mucho su camino con santas pláticas y predicaciones. Reconociendo los moriscos el perjuicio que a sus intentos causaba la compañía de ambos beneficiados, para ver si conseguían amedrentar a los cautivos, colgaron de un olivo a los dos y a un cristiano principal, alguacil mayor de Boloduy: una lluvia de flechas y jaras dejó en breve sin vida a los tres.

Presos estaban también en Jergal N. Simón, beneficiado, natural de Loja, que tuvo un martirio parecido al del beneficiado Marcos de Soto, que tocamos arriba. Le obligaron a que por la matrícula llamase a todos a oír Misa, y así como eran nombrados llegasen y le injuriasen de palabra y de obra. Muy quebrantado de los golpes y malos tratamientos, le echan un cordel a la garganta, le sacan arrastrando al campo, y le entierran hasta la cintura, córtanle las narices, las orejas y la lengua, y haciendo blanco en el medio cuerpo, le tiran saetas, y con un mosquete a balazos le acaban la vida. Y de esta suerte le hallaron los soldados del marqués de los Vélez, cuando vino en auxilio de los cristianos.

Así mismo fueron degollados dos sacerdotes más por orden de Portocarrero, capitán de los rebelados; el vicario de este lugar, Diego de Acevedo, con su madre, y el beneficiado N. de Paz, con una hermana suya; sin contar otros muchos que no son del caso ahora. Los cuerpos de todos fueron arrojados al campo como de costumbre.

En Cobda o presidio, después de haberse refugiado los cristianos en la torre de la iglesia, se fugaron a los montes no creyéndose seguros. Allí les alcanzaron los moriscos, después de haber profanado la iglesia. Vino a caer en sus manos N. Buenaventura, beneficiado, en quien se vio muy claramente el espíritu de caridad que animaba a estos sacerdotes, como dijimos en otra parte, para con estas ovejas descarriadas, los moriscos, a quienes no dejaron de predicar y trabajar por su salvación, aun en casos tan desesperados como el de la rebelión. Empezó luego con blandura de palabras, tan caritativas como cariñosas, a ponderarles con razones, y a enseñarles con mucho celo cuán apartados andaban del camino de la salud; que aún tenían tiempo de convertirse; que Dios era misericordioso y perdonaría sus culpas. Pero la predicación aprovechó poco; le echaron airados un lazo al cuello, ligaron sus manos, y dijéronle muchas palabras injuriosas. De esta forma le hacen traer al lugar; en la entrada le dieron una mortal herida en la cabeza, y a pocos pasos un morisco, de oficio alpargatero, le entró un punzón por un ojo y cayó al suelo sin sentido. Vuelto en sí, después de algún tiempo, levantó las manos al cielo, glorificando al nombre de Jesús, y pidiendo perdón por sus pecados, y ofreciendo la vida por ellos, y los tormentos que por la defensa de su nombre padecía. Y todo esto con palabras altas; que no sufría menos su fervor en aquel trance supremo. Le daban mucha prisa para que caminase, y porque levantaba las manos suplicantes al cielo, se las cortó un morisco. Como esto vieron los demás llegaron otros muchos, y a golpes le hicieron caer en el suelo, y arrastrando le llevaron a un sitio llamado Rambla, en donde juntando gran cantidad de leña, y pegándole fuego, arrojaron a la hoguera al beneficiado Buenaventura. Estando casi abrasado le sacaron fuera de la hoguera, y le arrojaron en un pozo cubriéndole de piedras.

Párrafo VII. Los tormentos

Rebelión en Serón y Tíjola. Se rinden con seguros de vida los cristianos cercados. BB. Sebastián de Cueto y Ginés Espín. Oficio de buenos pastores. Es colgado uno de una almena del castillo. Colgado el segundo del cuello de su compañero, con aplausos de sus enemigos. El bachiller Salinas, revestido como para decir misa, sufre las injurias del populacho. Persignado con una navaja y despedazado coyuntura por coyuntura pierde la vida. Discrepancia en el número de sacerdotes de Berja, de cuatro a siete. Los BB. Pedro Banegas, Martín Caballero, Francisco Juez, Luis Carvajal y el cura Alonso, desnudos, son azotados delante de las mujeres, y atado, cada uno a un palo mueren entre una lluvia de golpes, balas, y heridos de alfanjes. El presbítero Juan Suárez muere la víspera de su primera misa. El beato Marcos Criado, Trinitario.

Sobre Serón y Tíjola quiero dejar la palabra a Antolínez: «Halláronse presentes los beneficiados Sebastián de Cueto, vizcaíno de nación, y Ginés Espín, natural de Almería. Los cuales, como verdaderos pastores y buenos padres, posponiendo el temor de la vida, les estuvieron animando a morir en la fe de Jesucristo a los cristianos y fue cosa misteriosa que en todo el tiempo que duró esta carnicería, no los estorbaron los moros de hacer esta santa y piadosa diligencia. Echaron luego mano de ellos, e imputándoles a grave delito los sermones que les habían predicado, las misas que les habían dicho, los vicios que les habían reprendido, la doctrina cristiana que les habían enseñado, los desnudaron, y atando a uno de estos sacerdotes por los pies, le colgaron de una almena del castillo, y echándole un lazo al cuello, ahorcaron de él a su compañero, gustando de ver que las diligencias, que naturaleza les enseñaba (aunque en balde) para librarse, se convertían en daño de entrambos. Vean ahora los tiranos que en la primitiva Iglesia martirizaron tantos fieles, y juntaron muertos con vivos para darles mayor tormento, si acertaron sacar a luz tan nuevo género de martirio. Estuvo presente a él todo el ejército, haciendo aplauso con voces y gritos, viendo tan nueva invención de tormento, con el cual remataron nuestros mártires el felicísimo curso de sus vidas. Llegando el marqués de los Vélez algunos días después a este pueblo, los halló así, y les dio sepultura juntamente con los demás cristianos; y tengo por cierto que fue en la iglesia».

Acerca del beneficiado N, Salinas he aquí cómo Mármol describe su martirio, en gran parte semejante a otros dos que ya quedan referidos.

«Los lugares de Inix, Filix y Vícar caen a poniente de la ciudad de Almería, en una rinconada que hace la sierra de Gádor, cuando va a despuntar sobre el mar Mediterráneo, y los moradores de ellos se alzaron cuando los de Guécija. Y cuando hubieron robado y destruido las iglesias, y muerto algunos cristianos, y prendido otros, fueron muchos de ellos en favor de los que combatían la torre de Guécija. La cual ganada, como queda dicho, volvieron a sus lugares, y ordenaron de dar cruel muerte al bachiller Salinas, su beneficiado, y a dos sacristanes que tenían presos. Hiciéronlo vestir como cuando decía Misa, y asentándole en una silla debajo de la peana del altar mayor, pusieron los sacristanes a los lados con las matrículas de los vecinos en las mano, y mandándoles que llamasen por su orden, como cuando querían saber si había faltado alguno para penarle; y como iban llamándolos, llegaban hombres y mujeres, chicos y grandes al beneficiado, y le daban de bofetones o puñadas, y le escupían en la cara, llamándole perro. Y cuando hubieron llamado a todos llegó un hereje a él con una navaja, y le persignó con ella, hendiéndole el rostro de alto a bajo, y por través; y luego le despedazó conjuntura por conjuntura, y miembro a miembro, de la misma manera que habían hecho a su beneficiado los de Canjáyar; y porque el sacerdote de Cristo glorificaba su santísimo nombre, le cortaron la lengua. Después lo llevaron arrastrando fuera del lugar, y los asaetearon juntos».

Berja, como cuidad populosa, vio dentro del recinto de su iglesia, y en sus calles, cosas terribles en las profanaciones, y no menos en los mártires. Además Dios quiso consolar aquellos mártires en su prisión con una señal de cielo abierto, de que nos ocuparemos en otro lugar.

No están muy de acuerdo los historiadores que de esto escriben acerca del número de sacerdotes martirizados. Mientras Mármol refiere los cuatro siguientes beneficiados: Pedro Banegas, Martín Caballero, Francisco Juez y Luis Carvajal, el historiador Antolínez añade el cura Alonso Juez. Y lo mismo trae en su Memorial el arzobispo Escolano. En cambio las Actas de Ujíjar parecen hablar, no de cinco como los dos autores dichos, sino de siete, llamados estos dos últimos el uno Juan Suárez y el otro el licenciado Juárez. En cuanto a la forma de martirio convienen también los tres primeros para todos los que cada uno enumera. Fueron reservados para el fin los sacerdotes, cuando por las calles de Berja corrían arroyos de sangre de los mártires que, en gran número, y con gran valor, habían dado su vida por Jesucristo. Tocóles la suerte al fin a los cuatro beneficiados y al cura Alonso. Como siempre usaron con ellos el indecible tormento de desnudarlos hasta ponerlos en carnes, y atadas las manos atrás, les azotan cruelmente delante de las mujeres cautivas. Estaban éstas ya sobradamente quebrantadas de las terribles tragedias ocurridas con sus maridos y sus hijos, y todavía las reservaba el Señor este nuevo trabajo: el pudor, el dolor, el horror, la confusión y la vergüenza de una y otra parte, de ellas y de los sacerdotes, jugaron aquí un papel más importante de lo que a primera vista puede parecer. Los verdugos no perdían detalle, y sabían muy bien lo que significaba todo este tormento, y siempre que podían no dejaban de aplicarlo. Muerto ya antes, precipitado de la torre de Villalobos, según indicamos en otro lugar, el beneficiado Francisco Juez, los cuatro, después de sufrir el bárbaro tormento de los azotes, y la vergüenza de la desnudez delante de las cautivas, hubieron de apurar el cáliz, con ser atados en aquella misma forma, en la plaza, a cuatro palos; desde los cuales, levantando los ojos al cielo, pidiendo ayuda para vencer, poniendo por intercesores a los santos mártires, decían de esta forma: «Invencibles mártires, ya peleasteis fuertemente, y con la confianza vencisteis grandes guerras: ahora, favoreced y ayudad a estos que peleamos, para que salgamos vencedores. Estáis en el puerto, no menospreciéis a los que al presente, puestos en conflicto, nos tiene maltratados la tempestad».

Cuéntase de dos de estos beneficiados que, como hubieran mediado entre ellos algunas diferencias, y por este motivo estuvieran disgustados entre sí, llegado el momento del martirio, se buscaron y abrazaron, perdonándose mutuamente sus ofensas. Y del presbítero Juan Suárez, que había venido con mucha alegría a Berja, en donde al día siguiente de su martirio había de decir su primera Misa. Designios de Dios, haber permitido que este joven llegase hasta la ordenación de presbítero, y con el cáliz ya en las manos, se ve privado de esta gracia, para trocarla por el cáliz de la pasión y del martirio.

El beato Marcos Criado padeció martirio, según los historiadores de su vida, el 24 de septiembre de 1569: es decir: nueve meses más tarde que los demás que quedan referidos; pero por la misma causa y los mismos verdugos los moriscos.

Veamos de extractar el decreto que se dio por la Sede Apostólica aprobando su culto, copiando algunos párrafos que nos den en compendio lo que nos conviene saber de este mártir, el primero de los que padecieron martirio, elevado al honor de los altares.

En Iliturgi, hoy Andújar, en España, el año de nuestra salud 1522, nació de padres conspicuos por su nobleza y virtud Marcos, de apellido Criado. Vistió en el año 1536 el hábito religioso de la Orden de la Santísima Trinidad. Elevado al sacerdocio, recorrió, con licencia de los superiores, en varias expediciones sagradas, muchas regiones de España, principalmente aquellas que aún eran oprimidas cruelmente bajo el yugo de los moros. Todavía recuerda y celebra con alegría y gratitud a este varón apostólico toda la región de las Alpujarras, juntamente con la ciudad de Almería, cuyo suburbio en aquellos tiempos, fuera del Convento de Trinitarios, era ocupado por los moros. Por aquellos enemigos acérrimos del nombre cristiano, de mandato de su jefe Abencota, fue cogido el Siervo de Dios, e incitado vanamente a que abandonase la fe verdadera, después de otros tormentos, sufrió el martirio a pedradas, atado a una encina, junto al pueblo de la Peza. Durante los tres días que permaneció allí colgado, rogó a Dios por sus perseguidores, y predicó la fe católica; hasta que le abrieron el pecho y le arrancaron el corazón, que inmediatamente comenzó a brillar con esplendor admirable, teniendo esculpido el santísimo Nombre de Jesús, que también se dice haberse ostentado en las bellotas de la misma encina. Desde aquel tiempo, el año 1569, poco más o menos, en que Marcos Criado recibió la corona en glorioso martirio, se dio culto público y eclesiástico al mismo Siervo de Dios, especialmente por los pezanos y en la Diócesis de Guadix; y, perseverando dicho culto, decretó Benedicto XIV, pontífice Máximo, el día 15 de septiembre de 1757, que podía y debía tolerarse, sin que se juzgara como aprobación Apostólica de dicho culto para deducir beatificación equivalente o formal; para la que mandó el mismo pontífice que se debía proceder al tenor de los decretos del papa Urbano VIII, de santa memoria.

Nuestro santísimo señor el papa León XIII, teniendo en cuenta el decreto de la Sagrada Congregación de Ritos, expedido el día 24 de abril de 1899, por especial gracia, considerando sobre todo la claridad del martirio del Siervo de Dios, aprobó definitivamente su culto el 10 de julio de este mismo año.

En la iglesia de la Peza hay más de un cuadro de este mártir.

No terminaremos sin hacer notar dos cosas; el ejemplo que nos dan los religiosos Trinitarios en haber emprendido con tanto empeño la beatificación de este insigne hermano suyo, ejemplo que acusa nuestro descuido; y en segundo lugar es este hecho muy digno de tenerse en cuenta por los que acaso temerosos crean ha de haber dificultades en la beatificación de los demás mártires, compañeros suyos. Compañeros decimos, ya que en la misma rebelión, con idénticos motivos y por los mismos verdugos, fueron perseguidos y muertos por Cristo.

Epílogo. Legión de honor. Prodigios de la divina gracia. Vida heroica del sacerdote. Ruda tarea del apóstol. Ejército de gigantes. Oficio de ángel tutelar y de padre. Previsión del peligro y preparación para él. Fortaleza ante el desengaño. Grandeza de alma ante la ingratitud. Visión del arzobispo Pedro de Castro

Hemos asistido al desfile de una pléyade de hombres extraordinarios. Estamos en presencia de una legión de honor del Sacerdocio Católico. Cada uno de por sí, es un prodigio; reunidos es un ejército maravilloso. Y cierto que no por ser muchos los que dan esa nota tan sublime de santidad, vale cada uno menos mirado en conjunto. Cada uno de estos héroes ha pasado por la mayor prueba en que Dios pone a un hombre, y la ha dado tan gallarda, que no se le puede pedir más. Si, pues, la prueba es la mayor, y en ella ha dado la más espléndida muestra que le podía Dios pedir a un cristiano, es evidente que cada uno es un prodigio de la divina gracia, prodigio acrecentado por muchos incidentes y pormenores que en cada uno de ellos concurren, y que cual eslabones de oro, unidos entre sí, vienen a constituir la preciosa cadena de los días de su vida mortal, gastada toda ella en una labor sobrenatural de subidos quilates.

En efecto, id recorriendo paso a paso todos los de su vida, y encontraréis que todos ellos dejan la huella del héroe. Se destierran de su patria para trocarla por una región, de la que se puede decir con toda verdad que en ella contrastaba la hermosura de la tierra y del cielo con lo ingrato y duro de sus habitantes. Con ellos gastan todas sus energías, sin que reciban en pago de los hombres sino malas caras y peores hechos. Las ternuras de su corazón de apóstol se encuentran con las espinas del erizo que le hieren en lo más vivo de sus sentimientos paternales. Condenado cada día a ver la esterilidad de sus trabajos, cada día también ha de sobreponerse con esfuerzo para no desalentarse en su obra evangelizadora. Encargado por razón de su ministerio de velar por la pureza de la doctrina de Cristo crucificado, se encuentra a cada paso cómo salen a mancharlas las impurezas del fanatismo musulmán. Ha de predicarles en la iglesia la doctrina cristiana, y las máximas y preceptos morales, y cada día les ve abandonar el templo para encerrarse en sus casas a sus zambras, prácticas y costumbres mahometanas. Sus ojos paternales tropiezan con la mirada hipócrita de un enemigo en cuya alma vive siempre el odio de raza con un doblado fingimiento de falso cristiano. Su alma de apóstol se siente herida a cada paso por expresiones mal disimuladas de desprecio de la fe y las ceremonias. Y mientras él se esfuerza cada día con nuevos inventos de su corazón amante de buen pastor, todos sus entusiasmos tropiezan con la frialdad y el desprecio del fanático. En una palabra, en ellos se encuentra concentrado todo el cristiano esfuerzo de una raza que lucha a la desesperada por traer a Dios el corazón del mahometano, y le toca la triste suerte de recibir el primero los golpes de la ingratitud, por su contacto inmediato y constante con el morisco; pero no tengan miedo que desmayen, son las rocas y peñones que reciben continuamente en la orilla del mar las embestidas de las aguas, siempre empeñadas en saltar a tierra. Esta era de ordinario su vida, y en esta ruda tarea consumieron todos ellos las energías de sus almas de apóstol y de patriotas.

Si miráis al proceso tan inesperado como cruel de su muerte resulta la misma evidencia, y los héroes descuellan como figuras de primer orden. Conforme van desfilando ante la atónita vista del observador, cada uno de ellos parece mayor que el anterior. Encontrarse en la naturaleza con un gigante no es cosa que a nadie maraville, pero encontrarse con un ejército de gigantes en donde cada uno parece superar al otro, no parece cosa ordinaria, y hay que convenir, cuando se les ve desfilar, que estamos en presencia de un acontecimiento quizá único en su especie. El sacerdote en el martirio no pierde su habitual serenidad, y siempre constante y conforme consigo mismo cumple el deber cotidiano en circunstancias las más difíciles para el hombre. Acompaña a los cristianos viejos en la prisión, en los caminos, en las privaciones y en los tormentos. Él es el ángel tutelar y del buen consejo en la terrible crisis en que de la noche a la mañana se encuentran sus hijos predilectos, los cristianos viejos. Perdidos los intereses, hambrientos a veces y sin agua en las iglesias, calabozos improvisados, en donde se espera la hora de la muerte; para el sacerdote nada pasa imprevisto, y con el corazón destrozado disimula su propia pena para consolar la ajena. Él predica, él consuela, los confiesa, él los convoca a la oración, y si puede ser les reparte el pan de la Eucaristía. Con la mira puesta siempre en el premio, pone ante los ojos de sus compañeros de desgracia la gran ventura por la que en breve han de trocarla. Ellos mantienen unido y fuerte aquel pequeño rebaño, a quien dicen como Jesucristo a sus apóstoles: Nolite timere pusillus grex. Y aunque aquellos cristianos son del temple de sus pastores, con todo no puede negarse que éstos han contribuido en gran manera a que se dé en la Iglesia el valioso ejemplo de millares de mártires sin una sola apostasía, prueba inequívoca de que estos pastores de Israel veían desde lejos infinitos peligros para la fe de sus hijos, y les criaron avezados a la lucha, y con pecho y corazón para acometer con el arranque del héroe cualquier peligro, por grande que fuera, antes que ceder un punto en la doctrina y en la moral aprendidas de sus labios. Si aparecen gloriosos estos sacerdotes cuando se les mira en particular, crece de todo punto su gloria cuando se les ve como abanderados de este ejército glorioso de mártires, capitaneándolos y llevándolos al campo de batalla para recoger juntos muriendo los laureles gloriosísimos del mayor de los triunfos, la muerte por la fe.

Un tercer aspecto tiene el carácter de estos martirios y el cual contribuye quizá más que ninguno a hacer resaltar y descollar más su inmortal figura. No cabe duda que estos sacerdotes subieron a la Alpujarra puesta la mira principalmente en la conversión y educación moral de los moriscos. Su sueño dorado era verse rodeado de aquellos moriscos, convertidos en fervorosos cristianos, y su gloria mayor poder traer a los pies de Jesús Sacramentado, transformados en dóciles corderitos, al bravo y montaraz agareno, enemigo jurado del nombre cristiano. Cuando tras largos años de lucha, que lo son también de tristes desengaños, se encuentra con que el final de toda aquella vida de sacrificios era morir a manos de sus hijos, tanto más queridos cuanto más ingratos, era para perder toda la serenidad y caer desmayados ante tamaña ruina y morir clamando ¡traición!, en el colmo de la mayor de las amarguras. En un momento se derrumbaba ante sus pies la obra de toda la vida, y de sus ruinas surgían inopinadamente multitud de víboras que se enredaban a sus pies para causarle la muerte. Sin embargo, el sacerdote, dando una prueba de constancia y presencia de ánimo, verdaderamente prodigiosa, no pierde su habitual serenidad, y en todas las circunstancias, aun las más difíciles, es el hombre de Dios encargado en la tierra del cuidado y educación de aquella ingrata grey que tan mal responde a sus desvelos. Qué grandeza de alma, qué alteza de miras, qué vida tan sobrenatural, y qué celo tan encendido el de estos apóstoles, a quien nada, ni los más exquisitos tormentos, hacen perder ni por un momento la dulce majestad del representante de Cristo. Cuando se van examinando las circunstancias que concurren en los martirios de todos y de cada uno de ellos, qué arrogantes figuras, divinamente trazadas, van apareciendo en la escena. Es el mártir san Casiano, que muere a manos de sus propios discípulos. Es el buen pastor, que cae rendido entre breñales conduciendo amorosamente la oveja descarriada en sus hombros, que en un momento se transforma en fiera y le devora. Es el depositario de la verdadera doctrina, que entrega la vida antes que ceder un ápice del sagrado depósito. Es el predicador a quien cortan la lengua, y sigue entusiasmado predicando con el ejemplo las glorias del Señor. Es el mejor representante de la patria, que muere abrazando con amor a su enemigo, mientras éste le hiere por la espalda. Es el padre amoroso, que cae en tierra, herido de muerte por el hijo, sin que al ver la sangre sobre la frente del parricida se escape de sus labios ni una reconvención; porque al fin es Cristo en persona perdonando desde la cruz a sus enemigos.

Con todos estos antecedentes no puede menos de venir a la memoria aquella visión, que refiere el canónigo de Ujíjar, Alonso de Valdivia, de muchos sacerdotes, vestidos todos de blanco, con estolas carmesíes y palmas en las manos, que aparece al gran prelado don Pedro de Castro, y de la cual damos cuenta en el capítulo de los prodigios.

El que venía al frente de ellos y habló al prelado, muy bien pudo ser el sobrino de don Pedro Guerrero, arzobispo de Granada, por la autoridad que entre todos los sacerdotes martirizados tenía. Había venido a Granada para ser Provisor, y por motivos de salud hubo de ir a la Alpujarra a respirar los aires de Bérchul, y con este motivo es nombrado Provisor Real del valle de la Alpujarra, de la taha de Marchena, teniendo su audiencia en Alcutar, en donde padeció su martirio la noche de Navidad; y según se cree, tuvo la honra de ser el primero que entregó su vida por Cristo.

Capítulo V. Los cristianos viejos

Párrafo I. Ujíjar. Su importancia. Las tres torres de defensa. Incendio de una torre y muerte de muchos. Imprudencia del alcalde y sus con secuencias. Espectáculo sangriento. Contraste. Más de una hora de matanza. Oraciones e imprecaciones. Dolorosas escenas de las mujeres cristianas y algazara de la morisca. Nuevo y terrible tormento. Martirio del alcalde. Oración de los mártires a la Virgen del Martirio. Las mujeres esclavas y mendigas. Insigne caridad de una morisca

Si en lo eclesiástico tenía Ujíjar una importancia principal por su colegiata, como vimos, en lo civil la tenía aún mayor. Allí residía en efecto de ordinario el juzgado civil y criminal, alguaciles, escribanos y un alcalde mayor que ponía el corregidor de Granada para administrar justicia en toda la Alpujarra. Dicho se está con esto que lo mismo en el número que en la calidad de los ciudadanos, moraba aquí la flor de la nobleza alpujarreña.

No tomaron tan en serio como debieran los cristianos un pregón de refugiarse todos a la iglesia, por ser el sitio más fuerte, que mandó dar el licenciado León, alcalde mayor entonces. Consideraban poco menos que fábula los peligros que se avecinaban, y así descuidaron notablemente tomar prevenciones.

Cuando llegó el momento crítico les tomó éste desapercibidos, y como Dios les dio a entender, se refugiaron en la iglesia y en dos torres que en sus casas tenían dos vecinos, Miguel Rojas y Pedro López. Estaban colocadas estas dos torres en triángulo con la de la iglesia y puestas de manera que los de dentro podían vigilar y defender las calles. Esto fue motivo para que los moriscos prepararan más de propósito su celada en lugar donde no podían ser vigilados. Con esto se dio tiempo a que se fuesen reuniendo mucho número de enemigos, especialmente de monfíes. Tras varias peripecias y horadando casas, llegaron los enemigos hasta la torre de Pedro López, la cercaron, le pusieron fuego, y como toda era de madera, se dieron a partido los de dentro; y mientras se descolgaban las mujeres con sogas, por estar la puerta ocupada por el fuego, se quemaron dentro, ¡horror causa el decirlo!, casi todos los hombres. En vista de esta crueldad, se rinden también los de la torre de Miguel Rojas, con ánimo de venir a una inteligencia con los rebeldes.

Parecía que se había de llegar en efecto a ello, según se mostraban de bien preparados los ánimos de los enemigos, dispuestos a sacar todo el partido posible de los cristianos. Pero una gran imprudencia del propio alcalde mayor, confiado en el socorro, y que condenan unánimemente los escritores, dio al traste con todo, y desde aquella hora es cuando empieza de veras la persecución, y lo que hasta entonces parecían accidentes de la guerra, toma el carácter de martirios, de profanaciones y sacrilegios.

Desechos los tratos, «los moros llegaron de golpe, dice Mármol, y por las espaldas de la iglesia rompieron la sacristía con picos y barras de hierro, y entraron dentro, sin hallar más resistencia que la de un pobre cristiano, que mataron; hicieron pedazos las cruces y los retablos, y el arca del santísimo sacramento; y robando los ornamentos sagrados, en escarnio de nuestra santa fe, tomaban las casullas y las albas, y se las vestían al revés; y después hicieron bonetes, calzones y ropetas de todo ello. Ganada la iglesia, fueron mejorándose por aquella parte de manera que vinieron a estar tan fuertes como los nuestros en la torre, y cavando muchos hoyos debajo la puente levadiza, los hinchieron de aceite, y arrimaron sobre ellos muchos haces de leña, y la madera de los retablos, escaños y bancos de la iglesia, y gran cantidad de zarzos de cañas y tascos, untados con aceite, y le pusieron fuego. Los cristianos tapiaron con barro y piedra la puerta de la torre de madera, que aunque se quemó la puerta levadiza, no podía entrar la llama dentro; mas era tan grande el calor del fuego, que traspasando las paredes, causaba gran sequedad y sed a los que estaban faltos de agua y de todo refrigerio, acompañados del clamor de las mujeres y de los niños. Hubo algunos hombres esforzados que quisieron salir a pelear con los enemigos, entendiendo poder romper por ellos y ponerse en libertad.

Y con esta determinación el abad mayor consumió el santísimo sacramento y se confesaron y encomendaron todos a Dios; y pusiéranlo en efecto, si las piadosas lágrimas de las mujeres, que dejaban desamparadas, no lo estorbaran y les hicieran tomar otro partido, al parecer más seguro, aunque menos honroso: porque al fin se hubieron de rendir con el partido que les habían ofrecido los moros; y no hubiera sido tan mal remedio para asegurar las vidas si los rebeldes, faltos de fe y caridad, les guardaran la palabra que les dieron. Haciendo, pues, veinticuatro horas que los combatía la llama, creciendo cada hora más la fuerza del fuego, y el número de gente que de la comarca venía, por hallarse en aquel sacrificio, los pobres cristianos comenzaron a descolgarse de la torre por una soga, no pudiendo salir por la puerta que ardía; y siendo tantos, fue necesario que tardasen más de veinte horas por el embarazo de las mujeres y de los niños; y como llegaban al suelo, el regalo que aquellos enemigos de Dios les hacían era darles muchos palos y puñadas, y desnudando a todos los hombres, les ataban las manos atrás y los encerraban en la iglesia. Luego entraron en la torre, y apagando el fuego, saquearon lo que hallaron dentro: y como herejes y malos, que no querían carecer de culpa, ni excusarla, antes obligarse unos a otros con mayores delitos y excesos, para que todos desconfiasen de poder alcanzar perdón, hicieron grandísimos sacrilegios y maldades, sin respetar a cosa divina ni humana».

Como por una parte los moriscos habían perdido la ocasión de percibir 110 ducados por cabeza, si se hubieran llevado adelante los tratos de paz, por otra azuzaba el encono de los monfíes el cruel Feraz Aben Feraz, y finalmente les había herido el amor propio tan profundamente las palabras despectivas del alcalde mayor, estaban los enemigos en la actitud más desenfrenada y fiera para ejecutar con crueles represalias en los cristianos viejos las penas más horribles, satisfaciendo así a su Dios y a su profeta, tan vilmente ofendidos a su juicio. No perdieron por esto la serenidad y falsía con que procedían de ordinario cuando querían disimular sus intentos de fiera. Así fue que, con pretexto de llevarlos a unirse con los de la torre de Miguel Rojas, los monfíes y gandules los sacaron de la iglesia al cementerio, de dos en dos, por la puerta que mira al Cierzo, y los fueron matando con horrible crueldad.

Espectáculo digno de ser contemplado por los ángeles y por los hombres. La noche precedente se habían fortalecido con el sacramento de la Penitencia, habían escuchado las palabras de aliento del abad y los otros canónigos. Retratados en el semblante los quebrantos padecidos en la dura prisión, y la fortaleza de los héroes, iban saliendo del templo aquellos mártires centelleando en sus ojos la llama de la fe en el período más trágico de su vida. Desnudos, indefensos y sin oponer resistencia eran los corderos que se entregaban al sacrificio para aplacar la ira de Dios.

Contrastaba este espectáculo en el que se veía vivir la vida de la gracia y la majestad de aquellos mártires primeros del cristianismo, con el aspecto y actitud de sus verdugos, con los rostros fieros, la mirada del salvaje ante la víctima indefensa, y las manos armadas de hachetas, de cuchillos y de lanzas, dispuestos a matar sin tregua, sin descanso, sin compasión. Los golpes de hacha que parten los cráneos y abren los pechos, hacen saltar hasta su rostro y vestiduras fuentes de sangre cristiana. En breve aparecen los rostros, las manos, los vestidos tan manchados de sangre, que ya no se distingue al exterior quiénes son víctimas y verdugos, sino porque las inocentes víctimas van desnudos y cayendo en tierra los unos tras los otros. Una hora y aún más dura esta escena sin igual; el campo de matanza ya va pareciendo un montón de cadáveres: sobre ellos se agitan, gesticulan, como fantasmas del abismo, los verdugos. Óyense maldiciones, imprecaciones, intimaciones a renegar de parte de los verdugos: jaculatorias, bendiciones, protestas de fe de parte de los cristianos. La ira que provocan las palabras de los mártires hacen saltar en pedazos el cerebro, desgajan, como rama que es separada del tronco, brazos y piernas, o pasa el pecho un bote de lanza, derribando en tierra la víctima.

No hay quien retroceda, quien flaquee y menos quien reniegue: todos ellos con la misma fortaleza, como troquelados en el mismo molde divino, mueren dando gallarda muestra del poder de la gracia.

El marco de aquel cuadro de sangre, los espectadores obligados de aquella matanza es de los más lastimoso que recuerda la historia: las esposas, las hijas, las hermanas de los mártires obligadas a contemplar a sus esposos, a sus hijos, a sus hermanos, primero desnudos, bañados en su propia sangre después, y por último destrozados, muertos y revueltos en confuso montón. Grande había sido la crueldad ejecutada con los mártires; pero no le va en zaga la empleada con estas mujeres, forzadas a contemplar los martirios de los suyos. ¿Qué harían aquellas pobres mujeres ante espectáculo tan sangriento? Hay datos en la historia que revelan todo lo doloroso de aquella situación: las hubo que perdieron el juicio, y quienes no queriendo sobrevivir a aquella desgracia, se lanzaron en medio del campo de matanza y murieron abrazadas a sus esposos e hijos: como la esposa de Francisco Ramírez, María de la Peña y su hija, y Leonor Esquivel; otras como encantadas parecían la estatua del espanto; secos los ojos, paralizados los movimientos; aquéllas retorcían sus miembros levantando en alto las manos y pidiendo a voces el martirio antes que sobrevivir a tamaña desgracia. Las naturalezas se agotaban en su resistencia. Llevaban cinco días de cautiverio durísimo, faltas de bastimentos, sometidas a las más terribles sacudidas; nada tiene de extraño el extravío de la razón en algunas, y las otras muestras dolorísimas de unos espíritus sujetos a las más terribles de las pruebas. Con este cuadro contrasta otro: el de las moriscas que con palmadas y risas animan a los verdugos.

Un montón de doscientos cuarenta a trescientos hombres, que no le dan menos los escritores, ofreciendo a la vista por todas partes arroyos de sangre, miembros mutilados, cabezas separadas de los troncos, ojos que se revuelven en sus órbitas con todas las angustias de la agonía, es espectáculo para mover a un corazón de piedra, y para dar una tregua por lo menos a la ira más enconada: todos mortalmente heridos, los que quedaban con vida pronto acabarían. Todo parecía indicar había terminado la matanza; pero aún quedaba algo inaudito, que solo se ocurre a quienes como los monfíes parecían tan fecundos en nuevos inventos, como insensibles al dolor ajeno. Montan sobre los caballos y los lanzan sobre sus víctimas como las bestias de labranza sobre las gavillas del trigo en la era. En verdad podían decir estos mártires, como san Ignacio Mártir en ocasión parecida: «Frumentum Christi sum; dentibus bestiarum molar ut panis mundus inveniar».

Un triste y desgarrador alarido de dolor debió partir del grupo de las mujeres, transidas ya de pena, pero no preparadas para este nuevo golpe que en manera alguna podían esperar. Para ellas sin duda fue exclusivamente el principal tormento, toda vez que pocas quedarían ya con vida en aquel informe montón de cadáveres, horriblemente destrozados.

Así terminaron estos martirios, a cuyos horrores hay que añadir que al licenciado León y al alguacil mayor, reservados por particular resentimiento contra ellos y encerrados en la capilla del bautismo, mataron después con exquisita crueldad y quemaron entre tocinos. A lo dicho, al tratar de los sacerdotes, de aquel a quien abrieron, arrancaron las asaduras y mancharon con ellas las imágenes, hay que añadir asimismo la crueldad e impiedad con que sacrificaron a Gregorio Guiral: le partieron por medio de arriba abajo, y de esta suerte le colocaron en el lugar donde habían quemado el retablo del altar mayor, y haciendo donaire de ello decían: «De esta suerte tienen los cristianos colgados los tocinos en sus casas».

No dejaremos de añadir que, según Antolínez, a los cristianos presos en la iglesia, y antes que se procediera al martirio, se les hizo saber con voz de pregonero que darían libertad, harían buen tratamiento y volverían sus haciendas a los que dejaran la fe de Cristo y siguiesen la ley de Mahoma. «Cobraron, añade Antolínez, estos animosos soldados con este pregón nuevo brío para morir en defensa de la fe y confiando poco en sus fuerzas, por ser débiles y flacas, se aprovecharon de las divinas, y vueltos a una imagen de la Sacratísima reina de los Ángeles, destrozada y medio quemada por aquellas infernales manos, empezaron a decir a voces: Reparadora de nuestra caída; remedio de nuestras miserias; esperanza de nuestra gloria; patrona y abogada de los afligidos, socorrednos y amparadnos, Señora, en este riguroso trance para que nadie de nosotros falte a la obligación que tenemos».

De esta imagen destrozada, la Virgen del Martirio, trataremos en su lugar.

Después de los martirios, mandaron a las cristianas que fueran a servir de esclavas a quien les diese de comer, y aun dicen las actas de Ujíjar que se fueron pidiendo limosna hasta que fueron llevadas al castillo de Jubiles. No debió ser esto tan inmediato, que no permanecieran en Ujíjar gran parte de ellas los diez días que precedieron al martirio de Gonzalico.

No es para omitida la buena acción de una morisca, llamada María Romero, que proveyó, según lo trae Almenara en su relación, de algunas canastas de pan a los cristianos presos en la torre y faltos de todo, hasta del agua; porque se les había acabado una poca que tenían en un aljibe, que estaba en un reducto de la iglesia. Todo, sin embargo, no daba para satisfacer la necesidad de los niños, que menos sufridos, dejaban sentir su desgracia con gritos y lágrimas, dado caso que esto duró desde el día de Nochebuena hasta el de los Inocentes.

A esta morisca, que si no era verdadera cristiana, no dejaba de tener un hermoso corazón, premió después el marqués de Mondéjar con algunas mercedes y con ponerla en libertad.

Párrafo II. Berja. Los cristianos y las torres de refugio. Falsía del enemigo. Profanaciones y sacrilegios en el templo. Un Cristo azotado y una Virgen ultrajada. El cielo abierto entre resplandores. El patíbulo en la plaza. Varias horas de matanza. Los nombres de Jesús y de María provocan la iras agarenas. Almas heroicas en cuerpos desfallecidos. La sangre corre a arroyos. Pormenores de algunos martirios y nombre de las víctimas. La contraseña de unos doblones

Era Berja la cabeza de la taha de su nombre, la cual constaba de catorce lugares, casi todos desaparecidos ya, con excepción de muy pocos.

La importancia de la población hizo que la tuviera también la persecución religiosa, que venimos historiando, y que ésta no desdijera nada de las más terribles. Se abrió el primer día de Navidad. Algunos cristianos se refugiaron en la Villa de Adra; otros confiados en unas torres que tenían hechas en sus casas por miedo de los corsarios turcos, se metieron en ellas con sus mujeres e hijos; y los que no tuvieron comodidad de hacer ni lo uno ni lo otro, se fueron a recoger a la torre de la iglesia. Los que fueron a Adra se salvaron, pero todos los demás perecieron, porque los enemigos de toda verdad les aseguraron con buenas palabras diciendo que no les harían mal, y después que los tuvieron en su poder, los desnudaron y trataron cruelísimamente. Todavía se descolgaron dos de las torres, acogiéndose a Adra. Siendo, pues, ganadas las torres, los enemigos, especialmente los monfíes y gandules, destruyeron y robaron la iglesia, deshicieron los altares, pisotearon las aras, los cálices y corporales, derribaron el arca del santísimo sacramento, que acribillaron a balazos, tomaron un Cristo crucificado, y a voz de pregonero le anduvieron azotando por toda la iglesia, y haciéndole pedazos a cuchilladas, le arrojaron después en un fuego, en donde ardían ya los retablos y las imágenes. Y derribando del altar mayor una estatua de la Virgen, la arrojaron por las gradas abajo, diciendo por escarnio: «Guárdate, no te descalabres».

A las cristianas, que estaban presentes, las decían: por qué no favorecían a su Madre de Dios, y otras muchas blasfemias, llamándolas perras, y amenazándolas con la muerte.

Cometidas ya las abominaciones referidas, y aprisionados los cristianos en la iglesia, estando una noche muy afligidos, considerando las ofensas que en aquel templo se habían cometido contra la majestad, tuvo lugar un hecho en gran manera consolador para todos y de gran significación y trascendencia en la causa de los martirios. De este hecho del cielo abierto que refiere tanto el arzobispo Escolano como Antolínez, daremos cuenta en el capítulo de los Prodigios.

Bien necesitaron de este aliento, pues se preparaban contra ellos escenas muy parecidas a las de Ujíjar. Seis días después de la prisión, queriendo los moros concluir con las vidas de nuestros cristianos, comenzaron a sacarlos de cuatro en cuatro, asidos a una cuerda. Lleváronlos a la plaza donde tenían puestos unos palos en que los amarraban, y apartándose de ellos con grande algazara, alegría y ruido de atabalejos y dulzainas, los jugaban a la ballesta y arcabuceaban hasta quitarles la vida. Duró la matanza, según Antolínez, desde mediodía hasta la noche. Murieron, según el mismo historiador, doscientos cristianos, los que invocando el nombre de Jesús y María, protestaban que morían en la fe. Era el oír esto tan odioso a los moros, que les daban mil puñadas y golpes en las bocas, no pudiendo sufrir como perversos herejes la invocación de los santos.

Terribles horas las cinco o seis que duró la matanza, sobre todo para aquellos que, en el turno de dar la vida por Cristo, fueron los últimos. Si bien en el alma todos se regocijaban ante la idea del martirio, el cuerpo no podía menos de estremecerse cada vez que sentía arcabuces y ballestas que herían los cuerpos de sus compañeros. Desfallecidos por la necesidad, quebrantados los cuerpos con los seis días de prisión y de verdadero martirio del alma, en tantas y tan graves escenas como hubieron de presenciar, no puede menos de ser que muchos llegaran a ser ligados en aquellos palos fatídicos enteramente desfallecidos, y al quedar atados en ellos, éstos sostenían aquel cadáver viviente, que ya no tenía energías sino para protestar que moría por la fe, e invocar los santísimos nombres de Jesús y de María, mientras una llamarada de la fe que ardía en su alma, por un momento iluminaba aquellos ojos y animaba aquellos rostros ya mortecinos. Atados de espaldas a los palos quedaba descubierto como blanco a los tiros de los enemigos el noble pecho del cristiano, que bien pronto erizado de saetas y agujereado por las balas, ofrecía entre el cielo y la tierra un espectáculo muy parecido al de Cristo crucificado cuando recibía la lanzada en su costado; hermosa manera de asemejarse a su maestro; aquellos palos eran las cruces en donde morían clavados por dardos y balas los cuerpos de estos discípulos de Cristo.

Del pie de cada uno de los palos parecía brotar una fuente de sangre, la cual corría a engrosar la corriente que, regando una calle próxima, bajaba por ella formando ya un arroyo. Precioso licor alimentado por centenares de vidas, y del cual se podía esperar que verificaría una vez más en la Iglesia la verdad de la frase de Tertuliano: «Que la sangre de los mártires sería semilla de nuevos cristianos». Así, todo aquello no era muerte, sino vida y aurora de días más gloriosos, ya que hasta hoy no ha faltado la fe.

No debemos omitir algunos pormenores que contribuyen mucho a darnos idea de la situación. Dejemos a un lado las terribles escenas del martirio de los sacerdotes, ya que en su lugar nos ocupamos de ellos, y allí quedan sus nombres y su géneros de muerte. También hemos de dejar lo referente a las mujeres y niños, ya que también tendrán su propio lugar. Pero sí hemos de decir algo sobre el caso notable de Andrés Fernández, hombre rústico, que llevado al martirio se acercó adonde estaban su mujer e hijos, y les pidió estuviesen constantes en la fe. Díjoles tales razones y palabras, que puso admiración a los circunstantes, dudando, no sin motivo, si era él el que antes habían conocido. Hecha esta diligencia, se volvió al lugar del martirio confesando a voces la fe de Jesucristo. Y de otro de los cristianos, llamado Pedro de Dios, que iba diciendo el Credo a voces, y rogando a sus compañeros que lo dijesen también, haciendo con esto dos grandes efectos, que eran animar a sus hermanos y confesar la fe católica.

Hallóse en este pueblo el doctor Raya, médico y vecino de la villa de Motril, la noche del levantamiento, para mayor felicidad suya, porque teniéndole preso, atadas las manos y encerrado en la iglesia, con los demás cristianos, un bárbaro moro traía arrastrando un Cristo, y con infernal menosprecio llegó a nuestro mártir y le dijo: Pero pues eres médico, cura aquí a tu Dios; él, aunque atado, se arrojó al suelo con presteza, y arrodillándose donde estaba el Cristo, y besando la imagen divina, con encendido amor y valeroso esfuerzo, le confesó por Dios diciendo como santo Tomás: Dominus meus, et Deus meus, y estando así recostado, recibió una cruel lanzada y tras ella infinitas heridas.

Las actas de Ujíjar hablan de una pared que fue derribada sobre los cadáveres de los mártires, de una orden de don Pedro de Castro para enterrar los restos de los mártires en la capilla del Sagrario, de un mártir llamado Leandro Caballero, al que, por tener fama de hombre rico, llevaron los moros a su casa para que descubriese dónde tenía el dinero y le perdonarían; y como él no viniese en ello, le sacaron a su propia huerta, donde había un naranjo, y atado a él le mataron a puñaladas; y finalmente hacen mención de un Juan Alonso de Tejada, a quien los moros no desnudaron por respecto de un ahijado suyo moro. Con esto vio su mujer que no le quitaron 17 doblones y una sortija que llevaba atados en el faldón de la camisa, y que al tiempo de ser descubiertos los restos, para ser enterrados con decencia en la capilla del comulgatorio, avisado del caso por Constancia Ávila, esposa del mártir, que recordaba el hecho, el vicario de esta villa, licenciado Francisco Cabrera, mandó poner cuidado en el descubrimiento de los restos, y en efecto aparecieron 16 de los 17 doblones y una sortija. La buena mujer tomó para sí la sortija, y quiso que el vicario aplicase los doblones en Misas por las ánimas, ya que los mártires no las necesitaban. Pero enterado el arzobispo del caso, quiso poseer los doblones, enviando otros en su lugar.

Párrafo III. Huécija. Doscientos cristianos se encierran en el convento. Amenazas de incendio. Durante el saqueo se acogen los cristianos a un castillo más fuerte. Falsas promesas del enemigo. Fuego a la torre. Retíranse al aposento más alto. Lágrimas y oraciones ante un crucifijo. Húndese el aposento y mueren el gobernador, los frailes y muchos cristianos. Llegan los de Terque, y sus crueldades. Martirio de varios cristianos y sus nombres. Más víctimas

En la descripción de lo ocurrido en Huécija y Terque quiero dejar la palabra a Antolínez.

Dice, pues, así: «Tenía el gobierno de Huécija, y era alcaide de su fortaleza, el licenciado Luis de Xibaxa, Regidor de Almería. El cual como tuviese noticia de la pujanza con que venían los moros, mandó echar bando que todos los cristianos se recogiesen en el convento de los frailes Agustinos. A este tiempo temiendo los enemigos que don García de Villaroel, cabo de la gente de Almería, socorriese a Huécija, apresuraron el paso por el gollizno de la sierra, y los moros y el Gorri, a quien éstos reconocían por cabeza, se resolvieron a quemar el monasterio y al gobernador, y a doscientos cristianos que en él se habían refugiado, si luego no se rindiesen. Marchó el Rami y otro capitán de los moros, comenzó con su gente a poner fuego y a robar las casas de los cristianos, y entre tanto que los enemigos saqueaban el lugar, tuvieron tiempo los cristianos de pasarse a una torre fuerte. Pidiéronles los moros que se rindiesen, ofreciéndoles libertad y seguro pasaje. Y como quisiesen usar de este partido que les ofrecían, abrieron la puerta y salieron doña Francisca Xibaxa; y a doña Leonor Benegas, acompañadas de Pedro Orozco, hombre de canas y respeto, el cual apenas apartó los pies del umbral de la torre cuando de un arcabuzazo le quitaron la vida. Cautivaron a doña Francisca Xibaxa; y a doña Leonor Benegas la libró un morisco criado suyo. Manifestó este suceso el cauteloso trato de los moros, y obligó a los de la torre a mudar de parecer, a cerrar la puerta y retirarse. Lo cual visto por los moros pusieron luego fuego a la torre, con mucha cantidad de aceite y leña, y comenzó el fuego, humo y encendidas llamas a hacer su oficio. Iba creciendo por momentos el fuego, y a este paso el peligro, alboroto y confusión de los cercados, sin hallar orden ni traza para poderse librar de tan cruel enemigo, y así viendo tan cercano el último fin de sus días, se subieron al aposento más alto de la torre y poniendo un Cristo en medio de él, se hincaron de rodillas y con mucha devoción y enternecidas lágrimas le pidieron perdón de sus pecados. Y estando animándose unos a otros a padecer por Cristo y haciendo la protestación de la fe, acabó el fuego su oficio, abrasando y hundiendo el aposento, y quitando las vidas al gobernador y al prior con los frailes.

Al tiempo que el fuego allanó la torre llegaron los de Terque con el regocijo que suelen los que han conseguido una victoria. Sacaron para más solemnizar su fiesta a Pedro de Astorga, que a voces salió con valeroso ánimo confesando la fe católica y protestando que moría en ella; llegaron con él al lugar donde habían martirizado a los dos sacerdotes y con una inhumanidad increíble lo alancearon.

A Torre, alguacil de Huécija, le desnudaron en carnes, atáronle a un árbol y le pusieron en los pechos un papel por blanco. No dice más un testigo que afirma este hecho; aunque tengo por cierto que murió mártir, no hallo testigos que lo digan y así me contento con hacer de él esta memoria. Acrecentaron su regocijo y fiesta sacando desnudos a N. de Navidad y a Pedro, criado del gobernador. Persuadiéronles que renegasen prometiéndoles la vida y libertad. No pudieron contrastar su firmeza porque les respondían con celestiales razones y con ellas se animaban el uno al otro a morir por la fe. Fortalecíanse con la señal de la Cruz que, aunque atadas las manos, llevaban hechas con los dedos y devotamente la besaban. De lo cual haciendo donaire los moros y menospreciando la cruz y al que murió en ella, con mucha risa y mofa les pusieron en las manos dos cruces llenas de inmundicias. Adoráronlas nuestros mártires y, las lavaron con sus lágrimas, besándolas muchas veces. Causó en los moros tanta indignación esta fortaleza y constancia, que hiriéndoles y aguijoneándoles con las lanzas los llevaron a gran prisa a la cumbre de una sierrezuela, junto al gollizno, donde con gran vocería los despeñaron, causándoles gran contento verlo, haciéndose pedazos, y a los mártires mayor regocijo, pues fueron a gozar del premio de sus tormentos.

Prendieron a Salmerón, uno de los que escaparon de Huécija, y por no querer renegar y seguir su falsa secta, le sacaron al campo, y desnudo le ataron a un algarrobo y jugaron con él a la ballesta. Así le halló el marqués, que llegó con su campo y le hizo sepultar. Y por que se vea el odio envejecido que estos tiranos tienen a nuestra sagrada religión, referiré lo que dice un testigo de los que escaparon de sus manos cuando destruyeron estos dos pueblos. Dice que hallando ocasión de huirse, se entró por unos romerales y se escondió entre dos peñas, hasta que con alguna seguridad pudo caminar y llegar al lugar de Rágol, donde un morisco que beneficiaba la hacienda que allí tenía su padre, le tuvo escondido hasta que llegó el campo del marqués de los Vélez y se libró. Dice que en el tiempo que allí estuvo oyó a los moriscos que acudían a la misma casa cómo se alababan y decían que el primer día de Pascua, estando diciendo misa el beneficiado de Rágol (que no sabemos su nombre) le habían echado una soga a la garganta y arrastrado, desollado vivo y clavado el pellejo en la pared de la iglesia». Hasta aquí Antolínez.

Las actas de Ujíjar dicen que los que se descolgaron los llevaron a Illar, reservándose un albañil para obras; y muchas veces por el camino les quisieron despeñar, y después parece murieron en Andaraz; y que enterados los moros de que en breve llegaría el marqués de Mondéjar, se subieron con sus mujeres a la sierra de Gádor.

Escenas sueltas de martirios aislados ocurridos en las cercanías con cristianos viejos, que o no pudieron entrar en la torre o escaparon de ella y fueron cogidos por los monfíes, refieren varias las mismas actas. Así refieren que Catalina de Gibaja por haber perdido el sentido con el humo al salir por una saetera de la torre con doña Leonor y Petronila de Orozco, la llevaron a la vicaría, y al día siguiente al subirla a la sierra con su señora vio en el camino a Torres, alguacil mayor, atado a un moral con un papel en el pecho, con el fin de jugar con él a la ballesta; que le pidió por amor de Dios un jarro de agua, que ella por miedo no se atrevió a darle: que más adelante vio matar un fraile que escapó del incendio y despeñar a F. de Nevada.

Sebastiana Cortés añade que algunos cristianos y cristianas fueron llevados a Ujíjar, en donde fueron muertos, principalmente los hombres, al saber que se acercaba el marqués de Mondéjar; y que ella se libró refugiándose en casa de un morisco. Y finalmente Mateo Amate, entre otras cosas, dice que los moros reservaron a un cerrajero para aderezar las ballestas, hasta que por fin le mataron en Illar.

Con motivo de haber abierto una información de limpieza de sangre, a petición del licenciado Melchor Martínez de Herbás, él dice que entre otros que fueron muertos murió también un hijo de Pedro de Astorga, clérigo de Menores, y el licenciado Odroa, abogado y clérigo de misa, que fue quemado. No es para omitir lo que añade Mármol, el cual después de describir cómo murieron en la torre tantos cristianos, unos abogados, otros quemados, entre ellos mujeres y criaturas pequeñas, dice: «No libraron mejor los que se rindieron, que los que se quemaron en la torre; porque los moros los degollaron en la alberca de un molino de aceite del monasterio que estaba allí cerca». El espectáculo de esta balsa de alperchín de que varios escritores hacen mención, y en donde fueron arrojando muchos cadáveres, debió ser tan terrible, que cuando entró en Huécija el marqués de los Vélez fue tanto su sentimiento y tanta su indignación, que castigó con gran rigor a los moros.

Párrafo IV. Andaraz. Nechite. Mecina Bombarón. Jubiles. Paterna. Pórtugos. Pitres

Compendio de profanaciones, sacrilegios y crueldades. Matanza en la Rambla de Fondón. Edicto de Abenfaraz. Con espadas y alfanjes dan muerte a varios cristianos. Al fiscal Cabezas, le parten con un hacha la cabeza. Otros mártires venidos de fuera. En Nechite hienden la cabeza con un hacha a varios mártires. En Mecina Bombarón mueren con espadas y lanzas tres hermanos. Pérez Tejerina, acuchillado, partida la cabeza, sepultado, desenterrado y hecho menudos pedazos. Muchos mártires cuyos nombres se ignoran. Son arrojadas a los perros las entrañas de otros dos mártires en Jubiles. En Paterna mueren acuchillados Pérez de Lugo, Diego Carrión y Pedro Alonso. En Pórtugos mueren quemados varios cristianos y veintiocho acuchillados; algunos nombres. En Pitres buen número de cristianos inmolados con espadas y lanzas.

Por lo referido en los tres pueblos de Ujíjar, Berja y Huécija se puede sacar lo que ocurriría en los demás pueblos, estando los moriscos animados de los mismos sentimientos de crueldad y el mismo encono y odio religioso. El plan no podía ser más sencillo y al mismo tiempo más bárbaro: el saqueo de las casas de los cristianos, la doblez y engaño para hacerlos caer en sus manos, y después de invitarlos a renegar, matarlos sin clemencia y con estudiado refinamiento de crueldad: saqueo e incendio de los templos, con el obligado acompañamiento de profanaciones, sacrilegios, escarnios y burla de todo lo sagrado. Aquí se visten los ornamentos en medio de una orgía. Allí limpian los alfanjes manchados de sangre en los corporales. Sacrifican en el altar mayor del pueblo de Abla un cerdo para hacer escarnio de santo sacrificio de la misa. En otros manchan las imágenes con la sangre y asadura de los mártires. Aspiran en otro lugar a convertir en establo la iglesia, que al fin incendian sin respeto. Y en todas partes termina la borrachera de sangre y exterminio con arrastrar y amontonar las imágenes, y con ellas incendiar los retablos y la iglesia, sin dejar nada que no consuma el fuego, ni el sagrario que en muchas ocasiones es arcabuceado. A vuelta de tales desmanes los cristianos permanecen en oración varios días sin abrigo, a veces sin vestido y desnudos, encerrados en la iglesia o en la torre, sin bastimentos en muchos casos, y careciendo de lo más necesario: hasta que la necesidad de los cristianos o la falsía o doblez de los moriscos los hacen caer en manos de éstos, los cuales se cobran con creces en el género de muerte con que les exterminan como animales dañinos, sin perdonar en muchos lances ni a las mujeres ni a los niños, ya de suyo exceptuadas en las disposiciones del reyezuelo.

Para no cansar, pues, al lector con historias cien veces repetidas, y que no desdicen mucho del patrón y modelo que se ha visto en los pueblos que anteceden, solo nos ocuparemos en la descripción de algunos martirios más notables, ejecutados en los hombres, ya que los sacerdotes, las mujeres y los niños tienen su lugar aparte.

Después de hechos los destrozos de costumbre en la iglesia de Andarax, buen número de moros de Alcolea y los monfíes prendieron y mataron muchos cristianos en la Rambla, que está antes de llegar a Fondón. Por este tiempo publicó un edicto Abenferax que nadie, so pena de la vida, fuese osado a defender a ningún cristiano. Después del bárbaro martirio del beneficiado Juan Lorenzo, despedazaron a cuchilladas a su hermano Martín Lorenzo. Con alfanjes y espadas mataron también después de muchas heridas a Pedro de Gadea y Pedro de Farda. Trajeron luego a otros dos hermanos, Diego y Juan de Ortiz. Persuadiéronles, como habían hecho a los demás, que renegasen, y en cambio y trueque les ofrecieron vida, libertad, honra y hacienda; pero hallándolos firmes en la fe los entregaron a un esclavo, que a cuchilladas les quitó la vida. No fueron escuchadas las hermanas y parientes que, con gran sentimiento y lágrimas, pedían sus cuerpos para enterrarlos. «A los perros cómanselos los perros», fue la contestación de los verdugos, con amenaza además de muerte si lo hacían. Entre los que derramaron su sangre hay que añadir a Callejas, fiscal que había sido de los vicios y abominaciones de esta gente. Una lluvia de injurias y malos tratamientos fue la primera manifestación de su venganza. Más tarde un golpe de hacha le abre en dos partes la cabeza y, atándole a los pies una soga, fue arrastrado por el pueblo; distinguiéndose en su persecución una vieja morisca que, dando gracias a los verdugos, satisfacía sus rencores tirando piedras al cadáver.

Aunque no eran naturales de este pueblo, padecieron aquí también martirio Juan Carrillo, Jerónimo de Sierra, Oropesa, Pedro y Francisco de Aguilar. Prendiéronlos en los lugares de Huécija y Fondón. En unos días que estuvieron en áspera prisión tentaron su constancia en la fe; ya con halagos y blanduras, ya con espantos y amenazas; pero como nada pudieran lograr de ellos, los mandaron a Abenfaraz. Atadas las manos, y con gran tropel de gente, eran llevados al lugar del suplicio. Ellos se animaban mutuamente tanto, que a voces protestaban que morían por la fe de Jesucristo. Indignados los moros les daban empellones, procurando abreviar el martirio, porque su ánimo no esforzase a los que quedaban presos. La turba de enemigos, que cayó sobre ellos en llegando a la plaza, a golpes y heridas los acabaron de matar. Este mismo género de muerte dieron a Ayala y Gaspar Díaz, vecinos de Andarax.

En Nechite hendieron la cabeza con una hacha de partir leña a Pedro de Valero; y a Juan y a Luis de Almenara, por odio a unas cruces que traían, con repentino furor, a puros golpes en la cabeza les quitaron la vida. Igual suerte corrieron Laurencio Rodríguez y un niño de once años, cuyo nombre se ignora.

En Mecina Bombarón dieron cruel muerte a Acacio Fernández y a dos hermanos, cuyos nombres no se saben: desnudos, atados fuertemente a una higuera, con lanzas y estoques les dieron tantas heridas que acabaron la vida. Arrastrados después con una cuerda a la garganta les arrojaron en un albañal. También dio su vida por Cristo Pérez Tegerina, a quien a cuchilladas hicieron pedazos la cabeza, y con dagas destrozaron las espaldas; pero él daba gracias a Dios por este beneficio confesando públicamente la fe. Dejaron sin sepultura su cuerpo, pero pasados cinco días, de secreto su suegro le enterró; pero enterados los moros, le desentierran con furia, y hacen menudos pedazos y los esparcen por el campo. Es constante tradición que en este lugar se dio muerte a muchos cristianos, cuyo número se ignora. En el barranco del presidio fueron muchos apedreados, persignados con navajas y asados entre tocinos, y en memoria de esto se pusieron cuatro cruces.

En Jubiles, después de ser invitados a renegar con grandes promesas, fueron desnudados y atados delante de gran muchedumbre un sobrino del cura, Martín Romero, Andrés Monge y Pedro Cabezón, y porque ellos a los desprecios de la multitud respondían con ternísimas palabras: «¡Oh padre de misericordia que nos creaste!, ¡oh Hijo dulcísimo que nos redimiste!, defiéndenos en la unidad de la Iglesia Católica, para que merezcamos hoy morir por ella», fue tal la ira que despertaron estas palabras, que cayó sobre ellos la multitud y a golpes despedazaron los cuerpos, sacándoles después las entrañas, que desgarraron y arrojaron a los perros.

Juntamente con el beneficiado N. Arcos, fue encerrado en la iglesia de Paterna Diego Pérez de Lugo, en donde desde el 26 de diciembre hasta el 2 de enero trabajaron con toda suerte de armas para hacerles renegar, y persuadidos era tiempo perdido, a cuchilladas les quitaron la vida. Fue su fortaleza en sufrir la muerte tal, que dejó maravillados a los verdugos. La misma suerte cupo a otros dos en este mismo pueblo, Diego Carrión y Pedro Alonso.

Incendiada la iglesia de Pórtugos, mueren dentro varios cristianos con el fuego y humo del incendio, y algunos que se descuelgan caen presos en poder del enemigo. Éste arroja por la ventana a los que encuentra muertos en la torre. Sacan de la cárcel a los cristianos presos y les obligan a arrastrar a los muertos hasta un despeñadero. Vueltos a la cárcel, intentan con promesas y amenazas dejasen la fe, empleando buen tiempo en esta tarea. A todo contestaban con valor: «Cristianos somos, y cristianos debemos morir». Viendo la inutilidad de sus esfuerzos, uno a uno son sacados de la cárcel, y desnudos son muertos a cuchilladas 28 cristianos, de cinco de los cuales se conservan sus nombres: Blas Barrientos, Francisco Rodríguez, Baltasar de Cepeda, Juan de Cepeda, Alonso de Cepeda.

En Pitres dieron también la vida por Cristo buen número de cristianos, los cuales como se animaran mutuamente a morir, e hicieran la señal de la cruz con los dedos, y la besaran muchas veces, pusieron tal ira en los muros que con lanzas y espadas atravesaron sus cuerpos, y a cuchilladas hicieron pedazos sus cabezas.

Párrafo V. Dalías. Mecina Fondales. Picena. Murtas. Canjáyar. Padules. Fondón. Ohanes

En Dalías son muertos cristianos de diversos sexos y edades. Solo en la torre trescientos. Moro piadoso. Fuga del enemigo. En Mecina Fondales tres mártires, dos con sus mujeres. En Picena, saqueos, profanaciones, un viejo asaeteado y el sacristán despeñado. En Murtas se rinden en la iglesia dieciocho cristianos con diversos géneros de muertes. Martirio de dos hermanos y de Luis Bedia. En Canjáyar, a dos hermanos granadinos arrancan la barba, rompen los dientes, cortan lengua, narices y orejas, sacan los ojos y comen el corazón. A cuchilladas mueren diecisiete cristianos. Padules y Veires presencian espantosa mortandad a puñaladas de toda clase de personas, sin perdonar mujeres y niños, cuyos cadáveres son arrojados a una hoguera. Mueren en Fondón don Juan Zapata con 150 soldados. En Ohanes se encuentran veinticuatro cabezas, una de sacerdote: bárbaro obsequio y presente al reyezuelo.

En Dalías mataron a Miguel Garavito, hermano del licenciado Garavito, del que en otro lugar se hace mención, y a Miguel de Garavante, y a Domingo Fiquerola, con su mujer María y seis hijos, Juan, Alonso, Diego, María, Luisa y Gasparico. También mataron a Domingo López, a un mancebo que se decía Cristóbal de Ceballos, y a Pedro de Villalobos. A todos estos cristianos los sacaron en cueros, y cercados de los moros que habían venido de fuera y los del lugar, los fueron haciendo pedazos. Así lo certifica Antonio de Almenara en las informaciones que hizo en persona por los lugares de la Alpujarra. Así mismo otro testigo certifica bajo juramento que en el castillo y torre de Garavito se recogieron otros cristianos, que los moros les cercaron y dieron fuego que los abrasó. Y aunque algunos se echaron con sogas por el lugar en donde no había fuego, luego caían en manos de sus enemigos que los mataban. Hay que añadir a los que perecieron en esta torre, los encerrados en la iglesia y torre de Dalías, que asegura un testigo no bajaban de trescientas personas. En este encierro estuvieron más de veinte días; les faltó el agua que había en un aljibe de la sacristía, y de pura miseria, de hambre y de sed perecieron muchos. Hubo un morisco llamado Climen que ocultamente les llevaba algo de comer, y de éste quisieron valerse los moros enemigos para que se rindiesen. Fingió muy bien el buen morisco su embajada, en la que lejos de aconsejarles se rindiesen, les animaba a perseverar. En estos términos estaban las cosas cuando llegó a noticia del capitán don Diego de la Garca, de la gente de guerra de Adra, el cerco y miseria de los cristianos, y dispuso del socorro, con lo que los moros huyeron, y los enviados anunciando el socorro, pudieron contemplar el tristísimo cuadro de los supervivientes, que más parecían esqueletos ambulantes que personas vivas.

A golpes de espada pierden la vida en Mecina Fondales Diego Pérez Sacristán. Francisco Montañés y Francisco Ramírez, estos dos con sus respectivas mujeres.

En el lugar de Picena se refugiaron los cristianos en la iglesia, y los enemigos clavan las puertas, y amenazan que, si no se dan a partido, habían de incendiar el templo. Ellos mientras tanto procuran disponerse, recibiendo los sacramentos de Confesión y Comunión, y con saludable diligencia se entregan y conforme van saliendo van a parar a cárceles estrechas y hediondas; y sin salir de la iglesia, hacen en ella el acostumbrado saqueo, rompiendo altares, imágenes y vestiduras sagradas. Después de la saña empleada contra el doctor N. Bravo, sacerdote, la crueldad se cebó principalmente con un hombre muy viejo, a quien desnudo. y atadas las manos, trajeron azotándole por todo el lugar y después le asaetearon. No le cupo mejor suerte al sacristán, a quien, entre gritos y muestras de regocijo, llevan hasta el cabezo de un monte, y desde allí le precipitan en un profundo barranco, en donde cayó hecho pedazos.

Murtas, acosado como todos por el furor de la persecución, tuvo también sus mártires, muertos por cierto con exquisitos tormentos. En la torre vieja de la iglesia, que pareció sin duda lugar más seguro, se refugiaron dieciocho cristianos. Combatieron su fortaleza ora con promesas falsas, ora con tiros de arcabuz. Ríndense por fin y, desnudos en carnes, después de despedazar las imágenes de la iglesia, arremeten contra ellos, y les fueron matando con diferentes géneros de muerte: con alfanjes, chuzos, azadones y otros varios instrumentos. Según iban saliendo de la iglesia, les instaban a renegar, acompañando estos requerimientos con grandes promesas. Los soldados de Cristo no reniegan, antes se animan unos a otros, y de rodillas y puestos los ojos en el cielo recibían con valor la muerte. Al beneficiado y sacristán les parten la cabeza, les tiran jaras después de muertos, y las mujeres los arrojan a una hoguera. No era esto bastante, medio abrasados los atan con cordeles y arrastran, y acaban al fin con hacerlos pedazos. Fue notable también el martirio de dos hermanos, Cristóbal y Esteban de Zamora. Sacan de la cama, en donde estaba enfermo, a Esteban, que a sus promesas y amenazas respondía con toda decisión: «Deseo dejar la vida en la fe de Jesucristo, aunque me reduzcan a mil millares de pedazos». No fue menester más: le arrojan de la cama, le atan las manos a las espaldas, y a coces y a puntillazos le llevan adonde estaba preso su hermano. Fue de gran consuelo el poderse animar mutuamente al martirio. Una lluvia de jaras dio en tierra con los cuerpos de ambos, y con espadas y alfanjes les hicieron muchos pedazos. Hay que añadir a los dichos a Luis de Bedia. No estaba este cristiano en Murtas cuando ocurrieron estos sangrientos sucesos. Pasados unos días, y cuando creía pacificada la tierra, salió a ver unas posesiones suyas. Era hombre noble y rico, había sido justicia de este lugar, y como tal apremiaba a los moriscos para que oyesen Misa, y les imponía multas si no acudían. Por este motivo era odiado, y como todavía hubiese en la tierra monfíes, al verlo solo en el campo le dijeron: Aquí pagarás lo que nos has apretado para oír los embustes que nos decían; y así le ataron y quemaron entre unas encinas, y para hacer desaparecer las huellas de su delito barrieron las cenizas; delito que hubieron de confesar más tarde cuando fueron presos.

De la crueldad de los martirios de Canjáyar puede ser buena prueba el del beneficiado Marcos de Soto, como en su lugar queda dicho; pero tampoco desdicen los que ejecutaron los moriscos en dos hermanos granadinos, Francisco y Jerónimo de la Torre, personas principales y ricos. Atadas las manos se emplean los verdugos en arrancarles las barbas, y a puñadas les rompen los dientes. Y como en estos tormentos llamasen a Dios en su auxilio, les cortan las lenguas, y después las narices y las orejas. Y como si no fuera todo esto bastante, les sacan los ojos. Parecía esto un certamen de crueldad y barbarie, y para coronar la fiesta, les abren por las espaldas y sacan los corazones, y como el de Francisco hubiese caído al suelo y estuviese aun caliente, no faltó bárbaro agareno tan rabioso que le partiese a bocados y se lo comiese con la fruición de una bestia. Es tradición constante que en este pueblo fueron muertos a cuchilladas y estocadas 17 cristianos, «y sin duda, añadiremos con Escolano, serían muchos más de los que alcanzaron las noticias». Tampoco debemos omitir el martirio del sacristán Francisco Muñoz; preso con el beneficiado, fue atado al tronco de una oliva, asaeteado, y quemado en una hoguera hasta convertirlo en cenizas.

Algo oscura se presenta al historiador la relación de los hechos ocurridos en Padules y Veires. El historiador Mármol nada dice de estos dos pueblos. Antolínez y Escolano solo refieren el hecho de haberse encontrado los soldados del marqués de Mondéjar el pueblo desierto y rastros de una gran hoguera en la que habían quedado sin consumir algunos miembros humanos. La relación de Almenara es la única que nos da algunos pormenores. Por él sabemos que además de los dos beneficiados de ambos pueblos, perecieron la madre del beneficiado Juan Morales, una hermana casada y su marido, con sus dos hijos y una criada, como lo referimos en el capítulo de las cristianas viejas, todos los cuales habían venido a pasar las pascuas con el beneficiado de Padules. Además de éstos, cita los nombres de Francisco de la Fuente, Luis del Castillo y su hija, Antonio Grimaldo y su mujer y tres hijos, Pedro, Francisco, Pedro de la Peña, sacristán, su mujer y dos hijos, Alonso y Diego, otro que se llamaba Almanso. Añade que todos estos cristianos fueron muertos a puñaladas, y que parece en este lugar no quisieron dejar persona viva, de modo que mataron a todos los hombres. con toda la familia, sin perdonar los niños. Y sin duda alguna para completar su crueldad debieron arrojar muchos de los cadáveres a una gran hoguera, cuyos restos encontraron los soldados del marqués de Mondéjar.

Por lo demás, nada tiene de extraño lo ocurrido en estos dos pueblos; todos los de la taha de Luchar, entre los cuales se encuentran estos dos, Canjáyar y Ohanes, sufrieron una persecución horrible. Quizá en ninguna parte reviste carácter de tanta crueldad gracias a la intervención de cuatro moros, de los más salvajes, que eran los directores e inspiradores de cuanto en ellos ocurrió.

Don Juan Zapata, caballero veinticuatro de Granada, vino en socorro de los cristianos, y pereció en Fondón con 150 soldados. Y como esto sucedió con el color de la guerra, y no con las circunstancias de otros, no los suelen tener por mártires los escritores. Pero «no dejan de conocer, añade Escolano, les asisten muchas presunciones para entender murieron en defensa de la fe, más que por la política de los reinos, cuando por su confesión padecían aquellos cristianos viejos, a quienes ellos iban a defender, en cuya contienda fueron todos muertos».

Aunque lo más célebre en Ohanes es el sacrificio de las veinticinco doncellas de que damos cuenta en otra parte, no dejaremos de hablar de otra muestra de crueldad, que compite con la de las doncellas, pues en la iglesia se encontraron también veinticuatro cabezas, una de ellas con corona de sacerdote. Creen que los moros, que levantaron en armas la taha de Marchena, hicieron este presente al reyezuelo. Y la circunstancia de hallarse entre estas cabezas la de un sacerdote, y la costumbre de los moros de no matar en esta rebelión sin exigir antes el renegar de la fe, hacen que por ser un presente al reyezuelo «se puede entender, dice Antolínez, que era gente de consideración y que murieron mártires».

Párrafo VI. Lanjarón. Laroles. Bayárcal y Joprón. Bérchul. Jubar. Alcujerio. Cónchar y Poqueira. Válor. Terque

Incendio en Lanjarón de la iglesia y muerte de los cristianos. Se acogen a la iglesia de Bayárcal los vecinos de Laroles y Joprón. Les obligan a entregarse. Sacrilegios e injurias a la Virgen. Lucha para lograr la apostasía. Mueren a espada y lanza. Maquinaciones contra Enciso. Nombre de algunos. Almenara, frito en una caldera de jabón. Su mujer obligada a pisar los cadáveres de sus cuatro hijos. Son elegidas las mujeres cristianas de Bérchul como instrumentos de perversión de los hombres. Mueren a golpe de cimitarra Tapia y Peñalver, de Narila, y Mateo Montoya, acuchillado. Otros muchos cuyos nombres se ignoran. Pocas noticias de Jubar y Alcujerio. Los cristianos de Cónchar son llevados a Poqueira y metidos en cueva oscura y profunda con los de Poqueira. Abenhumeya ordena la muerte. Carga la multitud sobre ellos. Engaños del morisco Abenazaba para seducir a los cristianos de Válor. Presos y desnudos por espacio de dos días. Despedazados y esparcidos por el campo. La persecución sorprende en fiesta a los de Terque. Mueren siete ahogados por el humo. Los restantes son llevados a Huécija, en donde mueren degollados.

Puede considerarse a Lanjarón como primer pueblo de la Alpujarra, aunque algunos le consideran como el último del Valle. Para el caso nuestro podemos considerarlo como la puerta de entrada a este campo de batalla de la rebelión. No desdice de lo ocurrido en los demás pueblos. Los cristianos se refugian a la iglesia en compañía de sus sacerdotes. Desde la torre pudieron contemplar cómo saqueaban sus casas, pero como buenos cristianos cuidaron más que de otra cosa de pertrechar su alma para la lucha, confesando y comulgando. Al día siguiente, segundo de Pascua, pusieron fuego los rebeldes a la iglesia, el cual tomó tanta fuerza que se ardía todo el edificio. Los cristianos llenos de valor clamaban: «Señor, Jesús, ayúdanos», abrazándose unos a otros. Bien pronto el fuego y el humo los separó, reduciéndolos todos a cenizas. Además de los sacerdotes, perecieron entre otros Miguel de Morales y Cristóbal Maldonado, con sus mujeres y cuatro hijos.

Los pueblos de Laroles, Bayárcal y Joprón hicieron causa común en la desgracia al sentir llegar sobre sí los efectos de la rebelión y la turba innumerable de monfíes. Visto que, de los tres pueblos, Bayárcal era el que tenía iglesia más fuerte, a ella se acogieron los vecinos de los tres, juntamente con dos beneficiados de Laroles, otros dos de Joprón y uno de Bayárcal. No obstante esta precaución, les pareció no estaban seguros, y así tomaron el partido de prepararse a morir recibiendo los sacramentos de Confesión y Comunión. Añadían a estos medios el de la oración fervorosa, pidiendo fortaleza. Nada menos que quince escuadras de sarracenos cercaron la iglesia, gritando todos: «¡Derriba la torre!, ¡quema la iglesia!» Más sintieron los sitiados el mal que amenazaba a la iglesia que el suyo propio; y aunque desconfiando mucho de la fidelidad de los enemigos, prometieron dejar la torre bajo promesa de la libertad y la vida. No bien hubieron penetrado en la iglesia robaron la sacristía, pegaron fuego a las imágenes, y se insolentaron de tal forma con una de la Virgen, que fue arrastrada entre grandes ultrajes de palabras deshonestas y contumeliosas.

Con los cristianos bajados de la torre, a quienes pusieron desnudos en medio de la iglesia, comenzó una batalla prolija, y cien veces repetida, para que dejasen la fe. Según la persistencia que tuvieron en la proposición que les hacían para que renegasen, diríase que se habían propuesto obtener de ellos por cansancio aquello a que se resistían por convicción de su fe, reforzada de antemano por las exhortaciones de sus beneficiados. Los bárbaros tormentos que emplearon con éstos, referidos quedan en otro lugar. Acabados éstos, no dejaron otra vez de probar fortuna en la apostasía con nuevas promesas y amenazas. La contradicción embraveció de tal manera sus ánimos, que acudieron contra ellos con lanzas y espadas, mientras los mártires, en alta voz, profesaban su fe. Dejaron para el fin a Jorge Enciso, Antonio y Alonso García, por ser ricos y poderosos. Se ensañaron con ellos de manera especial, y contra Enciso se dio un pregón autorizando a todo el que estuviese ofendido por él para que por su propia mano tomase venganza. Repitióse el pregón, y como nadie se presentase a tomar venganza, se presentaron quienes con título de amigos le querían seducir a que en apariencia renegase. «No es tiempo, respondió Enciso, que compre la vida a precio tan vil, ni que dé ejemplo tan malo a los cristianos que están presentes, ni a los pueblos comarcanos». Un golpe en el rostro con el pomo de una espada y otro en la cabeza que le arrojó en tierra, fue la respuesta de un cruel sarraceno. Y mientras él con lágrimas invocaba a Dios y a su Madre, le atan por los pies, obligando a Antonio y Alonso García, hijos del sacristán de Laroles, a que lo arrastrasen por la iglesia. El término fue que tanto éstos como Enciso, perdieron la vida a cuchilladas y estocadas. Además de los dichos y algunas mujeres, fueron muertos también Alonso García, padre de los dos hermanos antes mencionados; Diego de Castroverde, Cristóbal Godinez, Felipe Pinedo, Luis Sánchez, Blas Sánchez, Antonio Pérez, Alonso Ruiz, Francisco Juez, Diego, Cristóbal, Diego de San Pedro, Francisco Almenara y Luis Almenara, Juan Almenara, Pedro Almenara, Blas Almenara, sus hijos.

La lista de estos mártires, tomada del Memorial de Escolano, no nombra siquiera a Francisco de Almenara, padre de los Almenaras mencionados. Lo mismo sucede con Mármol, quien desde luego no se ocupa en particular de estos pueblos, y con Antolínez, que en sustancia coincide en su relación con Escolano. Y sin embargo puede decirse, si hemos de atender a las declaraciones juradas, que se conservan en las Actas de Ujíjar, y a la relación de su hijo Antonio de Almenara, que por pequeño escapó del martirio, y más tarde se tomó el trabajo de ir de pueblo en pueblo haciendo investigaciones, declaraciones y relación que nada dejan que desear en lo concienzudas y verídicas, su padre Francisco fue uno de los mártires más célebres de estos tres pueblos. Francisco Almenara vivía en Laroles; con el prestigio de su nobleza y riqueza gozaba de gran autoridad entre sus vecinos. Y más que todo le conciliaron el amor y consideración de sus paisanos su caritativa y generosa conducta de potentado con el menesteroso, y con el que, sin llegar a esta condición, necesitaba de su ayuda en sus labores y negocios.

102

Siguió Francisco la suerte de sus convecinos en la prisión voluntaria de la iglesia, y cuando le hubo de llegar su vez, un criado moro de Almenara lo delató ante Ferax Abenfarax como poseedor de una gran suma de dinero, que no mucho tiempo antes había traído con su mula de Granada. Procedía este dinero de una herencia de Indias. En consecuencia de esta delación mandó soltar a Almenara el caudillo Ferax Abenfarax y que fuese a Laroles a traer aquel dinero, acompañado de algunos moros. Como ya estaban desnudos los cristianos, hubo de ir descalzo, media legua de camino, y mal cubierto con un sayo negro. Llegado a Laroles sacó del hueco de una pared el dinero, y volvió a Bayarcal a entregarlo al tirano. No se dio por satisfecho éste y le hubo de echar en cara que tenía más dinero. Y a la respuesta negativa de Almenara, mandó Ferax Abenfarax ponerle en una caldera de hacer jabón, con mucha pez y aceite, maniatado de pies y manos, y ordenó dar fuego, brindándole el sacarlo de la caldera a cambio de darle más dinero o hacerse moro. Mas él daba voces y decía que era cristiano y moría como tal, y así dio su alma a su criador. Hora y media estuvo en este terrible tormento, y al cabo le echaron una soga al pescuezo, y arrastraron por una cuesta abajo hasta arrojarle en un barranco. También mataron a cuatro hijos suyos, mancebicos, dice la relación, y que ya usaban espada, llamados Juan, Pedro, Luis y Blas, arriba mencionados. Según unos testigos los cuatro hijos fueron muertos en la presencia de Francisco, su padre; y según otros, a la esposa, doña Isabel Segura, la hicieron pisar los cadáveres de sus cuatro hijos, cosa que ella refería después con muchas lágrimas. Prueba fue esta más dura que el mismo martirio: ¡cómo pisaría aquella madre los pedazos de sus entrañas, sin rompérsele el corazón de dolor! La relación de su hijo da a entender que el martirio de su padre fue el postrero de todos; dice pasaron de cincuenta. De la resonancia que tuvo el martirio de Almenara dan testimonio además de los testigos, los cuadros que se pintaron para conmemorarlo. Don Nicolás de la Plata, emparentado con Almenara, al mostrar su ejecutoria de nobleza ante el visitador Leiva, da cuenta de poseer un cuadro del martirio de Almenara y sus hijos; otro testigo declara que poseía otro el arzobispo don Pedro González de Mendoza. En las religiosas Carmelitas calzadas de Granada había otro que la acción del tiempo ha debido destruir, y otro existe y yo le he podido contemplar, en el antecamarín de Nuestra Señora del Martirio, en Ujíjar, muy bien conservado, y que acaso sea el único que existe hoy.

Para concluir no debemos omitir una cosa que sin duda hizo más largo y duro el período de la prueba de los mártires: tal fue la falta de bastimentos en que estuvieron estos pobres cristianos en la torre y en la iglesia, desde el primer día de Pascua hasta el de los Inocentes, en que fueron sacrificados. Después que hubo dado cuenta Ferax y sus ministros de todos los mártires, se dirigió a las mujeres para decirlas y hacer lo que referimos en el capítulo a ellas destinado.

Tuvo de particular el martirio de algunos cristianos de Bérchul la peregrina idea de querer tomar los moros a las mujeres cristianas, que había presas con los hombres, como instrumentos de perversión de éstos para hacerles renegar. Y así, después de haber agotado ellos todos los medios en sus frecuentes visitas a las cárceles para obtener de los hombres su separación de la religión católica, para abrazarse con la de Mahoma, amenazan a las mujeres con la muerte delante de los cristianos, como si pretendiesen con esto mover a los hombres a la apostasía que por otros medios no conseguían; esperaban sin duda obrase en ellos el amor a sus esposas e hijos la tan deseada maravilla de verlos apostatar. Y como esta traza no dio resultado, separaron a las mujeres de los hombres, y tratan de persuadirlas de que con sus halagos y consejos reduzcan a los hombres a seguir la ley de Mahoma. Excusado es advertir que este nuevo procedimiento fue tan inútil como el primero; más aún, fue enteramente contraproducente para sus intentos, porque éstas cayeron en la cuenta del papel tan útil que podrían representar en aquel trance, y se dedicaron muy de propósito a exhortarles al martirio. Dejando aparte a tres sacerdotes que en esta ocasión padecieron terrible martirio, dos cristianos de Narila, Fernando Tapia y N. Peñaber, murieron a golpes de espada y cimitarra, predicando y confesando la fe católica. A los tres Montoyas, que debían ser hermanos, les cupo suerte parecida a los de Narila, y así murió acuchillado Mateo Montoya. Con corta diferencia sufrió el mismo martirio que los otros Montoyas un sacerdote. Era el día de san Esteban protomártir, y así imitaron su conducta, muriendo hincadas las rodillas y levantados los ojos al cielo. De éste como en otros puntos, no se conservan los nombres de muchos que, juntamente con los dichos, obtuvieron la palma, del martirio.

Esto mismo hemos de decir de Jubar y Alcujerio: que solo se conservan los nombres y circunstancias del martirio de los sacerdotes que había en ambos pueblos, no obstante que acerca de Jubar afirma Antolínez expresamente que hubo varios cristianos que optaron por la muerte, antes que abjurar de la fe. Y lo mismo puede decirse de Alcujerio, dado el plan en que se lleva a cabo la persecución, profanando la iglesia, derribando altares, rompiendo imágenes y tratando sacrílegamente los ornamentos sagrados. Ni tampoco hacen sospechar otra cosa el bárbaro martirio y profanaciones de la sepultura del beneficiado N. Crespo.

Cónchar y Poqueira aparecen relacionados entre sí en la historia de la persecución por la circunstancia, ya repetida en otros lugares, de haber llevado presos de un pueblo a otro algunos cristianos; y con la perfidia de prometerles un sitio más seguro, fueron llevados de Conchar a Poqueira por un sarraceno de gran fama, llamado Java. En Poqueira fueron metidos en una cueva profunda y oscura, en la cual estaban ya presos, además de algunos sacerdotes, Francisco Enciso, Pedro Soto, Gaspar Soto, Francisco Cazorla, Gaspar Adarve y el sacristán N. Godoy, con otros treinta cristianos, cuyos nombres se ignoran. La cama el duro suelo, el alimento un poco de pan de panizo, y lucha diaria, que era para ellos lo más terrible, sostenida ora con promesas, ora con amenazas, para que dejasen la fe de Jesucristo. Las exhortaciones de los sacerdotes, la gracia recibida en el sacramento de la Penitencia, ya que todos procuraron confesarse, les dio más fortaleza para la batalla diaria. No parecía que habían de tener término ni los tormentos de la cárcel, ni los del asedio puesto a sus almas. La llegada del reyezuelo Abenhumeya acabó con esta situación, pues llamó a Java y le reprendió, ásperamente por haber detenido tantos días a los cristianos sin quitarles la vida. Irritado Java con esta represión sacó a los cristianos a una plazuela; pero antes que llegasen al lugar designado, cayó sobre los soldados de Cristo una multitud que con heridas de espadas y alfanjes les dieron muerte.

Válor está dividido en dos barrios: Válor Alto y Bajo, algo distantes entre sí. Ambos corrieron en un mismo día la misma fortuna. La víspera de Pascua, día en que se rebelaron, el moro Bernardino Abenazaba, taimado, y muy perito sin duda en el arte de fingir, quiso persuadir a los cristianos que se refugiasen a la iglesia porque habían desembarcado moros de Berbería y en otra parte no se podían defender. Como este ardid no le diese resultado, volvió a la mañana siguiente para decirles que los moriscos se habían rebelado. Fueles forzoso disimular y aceptar el ofrecimiento de encerrarse en la iglesia. Luego que les dejó encerrados, acudió con muchos moros a saquear la casa del beneficiado y demás cristianos; satisfecho por otra parte de tener a todos encerrados en lugar en donde nadie podía escapar de la muerte. Miraban los cristianos desde la torre el saqueo de sus casas, y así se dispusieron a morir confesando y recibiendo la comunión. Acudieron después los moros a la iglesia, amenazando con poner fuego. Se rinden finalmente con promesa de la vida, y son llevados cautivos a casa de Abenazaba, mientras ellos entraron en la iglesia llenos de rabia sectaria: arcabucearon el retablo, y acuchillaron las imágenes, y profanaron los ornamentos. Por espacio de dos días los tuvo Abenazaba enteramente desnudos en la prisión, con el frío y vergüenza que se puede suponer, creyendo inducirles a renegar por este medio tan cruel. Viendo que nada conseguía, volvió a sus mentiras, diciendo que todo el reino estaba levantado, y Granada en poder de los moros, el arzobispo e inquisidores muertos, el marqués y presidente presos, el rey imposibilitado de cobrar el reino, y los puertos llenos de moros de Fez, Argel, Marruecos, y turcos de Constantinopla; que así, no pudiendo escapar, cambiaran de ley como ellos lo habían hecho en tiempo del rey Fernando, y que por este procedimiento alcanzarían vida y libertad. Nadie dio oídos a sus palabras; pero firme en su propósito de hacerles prevaricar, quiso persuadir al beneficiado simulase la conversión, y como tampoco este recurso diera resultado, ordenó se les predicase de nuevo a todos juntos la ley de Mahoma con las mismas promesas y amenazas que en particular se les habían anunciado. Dos días gastaron en estas trazas tan diabólicas. La constancia de los mártires les hizo desesperar y así, el día de los Inocentes, los sacaron del pueblo con pretexto de llevarlos a otro lugar más fuerte, en el cual se pudiera atender mejor a su seguridad. Apenas habían andado media legua, entre los moros que les acompañaban y otros que salieron al encuentro, dieron cuenta de vidas tan preciosas, haciéndolos pedazos y dejándolos esparcidos por el campo. Entre otros que murieron se conservan solo los nombres de Alonso García, Alonso Delgado, estudiante: Ruiz Pérez Tejeira o Tejerina, como dicen otros, y N. Almansa, sacristán, y el sacristán del segundo lugar. Las actas de Ujíjar añaden que Pérez Tejerina y otros murieron ahorcados, y poniéndoles pólvora en los oídos, a los que pegaron fuego: que a otros tiraron al terrero, y que todos estos tormentos tuvieron lugar en el sitio del llano que llaman Vanegas y en él se puso una cruz, que se dice la cruz de los mártires. También añaden que fueron recogidos los huesos y traídos a la iglesia, y que los morales en que fueron ahorcados desmedraron hasta perecer.

Para que en esta rebelión no faltase ninguna clase de engaños para asegurar la muerte de los cristianos, los moriscos de Terque usaron de un peregrino ardid con sus convecinos, los cristianos viejos. Los entretuvieron con bailes, juegos y otros recreos. Cuando más embebecidos estaban con tales entretenimientos entró en el lugar una escuadra de monfíes. Puede calcularse la sorpresa de los de Terque con aquella súbita mudanza. El resultado ya se puede suponer: renovarse en este pueblo todas las escenas, muchas veces descritas. Se retiraron a la torre con todos los sacerdotes, en la cual confesaron y comulgaron para disponerse a morir. Y aleccionados sin duda por la experiencia de las perfidias de los moriscos, debieron encerrarse en ella con firme resolución de no entregarse por más proposiciones de paz que se les hicieran, pues estaban ya persuadidos del fingimiento y engaño de los musulmanes. Ponen fuego en efecto a la Iglesia, y el fuego obrando con gran actividad puso en peligro a todos los cristianos. Aún no quisieron entregarse: el humo de tan voraz incendio ahogó a siete de los cercados. Los moriscos que sin duda no querían perder la ocasión de darse el placer de manchar sus manos en sangre cristiana, daban voces desde fuera como desesperados, los llamaban por sus propios nombres en señal de amistad, y les prometían la libertad, para que se entregasen y no pereciesen. Con tales instancias se entregaron nueve que quedaron, echándose con cuerdas por los ventanas de la torre. Bartolomé Guiler cayó en el suelo por haberse roto la cuerda, y no bien hubo llegado a tierra cuando a golpes y heridas le quitaron la vida. A los demás los llevaron a Huécija sin otro fin que hacer en esta población vana ostentación de su bárbaro triunfo y de su crueldad, pues los habían llevado descalzos todo el camino. Así fue que en llegando los degollaron como rebaño de inocentes corderos, como más largamente decimos en Huécija.

Párrafo VII. Jorairátar. Soportújar. Santa Cruz. Gérgal. Canjáyar. Cobda o presidio. Serón y Tíjola. Files y Vizar

Atados de pies y manos en la iglesia de Jorairátar. Batalla a la fe del creyente. Acuchillado el sacristán, es decapitado después y su cabeza entregada a los muchachos. Martirio semejante hasta en las mujeres. Oscuridad en la historia de Soportújar. Llevan de Santa Cruz a Gérgal presos a los cristianos. Horrible suplicio del gobernador Biedma. Su noble comportamiento. Quedan las mujeres en Gérgal y los hombres en Canjáyar. Dos colgados de un olivo mueren a flechazos, y degollados los demás. Mueren otros en Gérgal. Los cristianos de Cobda se retiran al monte. Algunos martirios. Luis Montesinos, mártir insigne Por la refinada crueldad de su muerte. En Serón y Tíjola mueren treinta arcabuceros, y son degolladas en la plaza más de cien personas. Los sacristanes de Files y Vizar colgados de árboles y asaeteados.

Tan de improviso cayeron, en Jorairátar, sobre los cristianos sus implacables enemigos, que primero fue verlos dentro de sus casas ocupados en saquearlas, que darse cuenta de la traición y levantamiento. Cuando terminaron esta tarea de sus rapiñas, hicieron otro tanto en la iglesia, con las profanaciones acostumbradas, sin perdonar imágenes ni ornamentos. La misma iglesia fue la cárcel en donde, atados de pies y manos, fueron encerrados los cristianos con las mujeres y el beneficiado Navarrete. La batalla para rendirles en la fe e inducirles a prevaricar, se llevó a cabo, como decimos en su lugar. principalmente con las mujeres, por juzgarlas más débiles, y por lo mismo más propicias a sus pretensiones de hacerlas abjurar. Había inquina especial contra el sacristán, por ser su ministerio servir a la iglesia y al beneficiado. Para los niños en particular representaba el odiado catecismo, y los estímulos de que había de valerse para enseñarlo. Por esta causa lo sometieron a los mismos tormentos que al beneficiado. Acabada la vida a estocadas y cuchilladas, separaron del cuerpo su cabeza y la entregaron a los muchachos para que hiciesen burla y jugasen con ella. De esta o parecida suerte padecieron los demás cristianos, de los cuales, aunque hay pocas noticias, puede conjeturarse no solo por la suerte del beneficiado y sacristán, sino por la de las mujeres, que al decir del arzobispo Escolano «es común sentir de los escritores que este mismo género de muerte se dio a las mujeres presas». Por lo demás, es muy consolador el detalle de cómo recibían los cristianos presos la noticia de su próxima muerte. Consultado el caso con Abenhumeya, dejó éste a disposición de los moros de Jorairátar el día en que hubiesen de ser ejecutados, a condición solo de que habían de ser muertos en el mismo lugar. Con esta disposición se procuró acelerar la ejecución todo lo posible. El segundo día de Pascua se leyó la sentencia a los encarcelados, y todos, con gran paz de ánimo y muestras de alegría, hincadas las rodillas en tierra, dieron gracias a Dios por la nueva que se les comunicaba. Y no se necesitaba menor preparación de ánimo para recibir el ataque furioso de aquella legión de hombres tan desalmados, que no se detuvieron ni ante las mujeres.

Pocas noticias hay de los cristianos viejos varones de Soportújar. Y aunque esto ocurra con otros muchos pueblos, de los cuales ni se hace mención en la historia; pero como hay relación tan detallada del martirio del beneficiado Ojeda, de este pueblo, y como también se halla de la prisión en la iglesia de las mujeres, de conjeturar es, sin miedo a equivocarse, no estuvieron éstas solas en la prisión; y cuando por temor a la próxima venida del marqués de Mondéjar, ellos se internaron en la sierra, llevándolas por lugares escabrosos y difíciles, también llevarían a los hombres; y al encontrarse con Abenhumeya, y ordenar éste que matasen al beneficiado y llevasen presas a las mujeres y a los niños, al dar cuenta del beneficiado la darían de ellos también.

Así parece lógico, sino es que los hombres habían huido, cosa inaudita; pues se resistirían a dejar las mujeres solas, o lo que sería más inaudito todavía, que en este pueblo no había hombres.

Sin embargo, a fuer de imparciales, debemos hacer constar que ni Escolano, ni Antolínez, ni Mármol dejan entrever por sus relaciones que hubiera más hombres que el beneficiado y un muchacho, llamado Martín, criado del beneficiado, que añade Mármol y que según el mismo padeció martirio con el beneficiado. Cómo se explique el hecho, no sabemos dar razón; basta con hacer constar lo dicho.

La villa de Santa Cruz era de señorío y pertenecía al señor de Cor, don Diego de Castilla. Gobernaba esta villa y otros lugares del señorío Blas de Biedma. Al estallar la rebelión retiróse a la iglesia con los de su familia y otros cuatro vecinos. En breve concurrió tal número de moriscos, que fue mucho poderles resistir en aquel sitio. Vínose luego a concierto de paz, y fiando en las palabras de libertad que les prometían, se entregaron. Fementidos como siempre los moriscos, conforme iban saliendo de la iglesia, los volvían a ella maniatados. Asegurados de esta manera, se entregan sin freno al saqueo de las casas, y concluido el saqueo, llevaron los presos a Gérgal.

Antes de partir martirizaron al gobernador Biedma con tal género de suplicios, que no ceden a ninguno ni en la crueldad ni en lo refinado; tales que si en todos hemos de pensar en la ayuda sobrenatural que tuvieron los mártires para sufrir los tormentos sin flaquear en la prueba, el martirio de Biedma bastaría por sí solo para no dudar de este auxilio divino que les fortalecía. He aquí cómo en breves palabras descríbelo Antolínez: «Desnudaron y ataron las manos del gobernador delante de tres hijas y una sobrina suya, y un moro le cortó las narices y se las clavó en la frente. Lo cual sufrió con tan sereno y alegre semblante que daba a entender el consuelo que en aquel punto comunicaba Dios a su alma: y eran tantas las razones que decía a sus hijas, animándolas a padecer por Cristo, que otro moro por impedirlas le cortó las orejas y se las metió en la boca: y viendo los moros que aún les salían en vano estas diligencias, le cortaron la lengua, manos y pies; abriéndole con una crueldad inhumana desde el pecho a la cintura, le metieron los pies, orejas y manos dentro del cuerpo y con diabólica rabia uno de aquellos bárbaros le arrancó el corazón, y como lobo hambriento lo despedazó a bocados. Y aún no cansada la crueldad ni agotadas sus invenciones, últimamente quemaron el cuerpo».

Bien se deja ver en esta historia por una parte la vergüenza de verse desnudo delante de sus hijas y sobrina, de otra la serenidad y espíritu con que las habla, y finalmente la fortaleza invicta con que sin perder un momento la paz, sufre le vayan cortando tan importantes miembros de su cuerpo, coronado todo con el terrible dolor de sacarle el corazón. No debemos omitir un detalle que indica la caballerosidad y mucha cristiandad y nobleza de este hombre: que pudo muy bien librarse de la muerte, y o por que no le pareció bien abandonar su puesto, o por deseo de no hurtar el cuerpo al martirio, que debía ver próximo, quiso permanecer en el peligro. Fue el caso que don García de Villarroel, que estaba al frente de las fuerzas de Almería, escribió al licenciado Gibaja, alcalde mayor de la taha de Marchena, y a Biedma para que se recogiesen en Almería con todos los cristianos de estas tierras, antes de que los moros les degollasen, porque estaba cierto se levantaría el reino y no tenía gente con que poderles socorrer. La contestación de ambos, de Gibaja y de Biedma, fue que no abandonarían aquellos vasallos, antes pensaban vivir o morir con ellos. Muestra bien clara son estas palabras de qué servidores tenía en la Alpujarra el rey y la Iglesia, y cuál era la disposición en que estaban todos los cristianos en esta tan grave alteración de la paz del reino; y de lo que hace más a nuestro propósito, de los ánimos y aceros de que daban muestra en vísperas de ser degollados por los moriscos rebelados.

Los presos de Santa Cruz, traídos a Gérgal, se detuvieron en este punto unos días, que fueron de grandes trabajos; y no fueron los menores los que hubieron de sufrir en la lucha para que renegasen, pues iban acompañados tales requerimientos de muchas contumelias y palabras ofensivas y deshonestas. Se extremaron estas ofensas con las hijas del gobernador Biedma. Las ofensas y los ataques a la fe parecía despertaban nuevas energías en los cristianos, en los cuales no hicieron la menor mella ni las promesas, ni las amenazas. La poca comodidad que había en Gérgal para contener los presos de Santa Cruz y de este pueblo, fue causa de que el gobernador de Gorri determinase pasaran los hombres a Canjáyar, quedando las mujeres en Gérgal. Por el camino hubieron de sufrir los hombres dos trabajos: fue el uno el paso tan acelerado a que les obligaban a caminar, impedidos como iban con las prisiones; y otro fue la continua violencia que se les hizo por todo el camino para abandonar la fe, que por lo prolija y pertinaz resultaba nuevamente molesta y vejatoria. Como el principal sostén y ayuda lo prestaban los dos beneficiados, el de Santa Cruz y el de Boloduy, que iban en la cadena de presos y no desperdiciaban ocasión para mantener firmes los ánimos con sus exhortaciones, determinaron separarlos de los demás. Y para mejor conseguir su intento y aterrarlos, al Aguacil mayor de Boloduy y al beneficiado del mismo pueblo los colgaron de unos olivos y con flechas y jaras les quitaron la vida. Además: «es tradición, dice Escolano, abrazada por los más de los escritores, que todos los hombres que vinieron presos al lugar de Canjáyar fueron degollados, después de haber sido importunados para que dejasen la fe». Lo que sucedió con las mujeres que quedaron en Gérgal decimos en otro lugar. Solo nos queda que añadir: que no debieron ir todos los hombres presos a Canjáyar, pues en Gérgal Portocarrero mandó matar al vicario de este lugar, y a Bernardo García, escribano, y otros muchos; aparte del importante martirio de N. Simón, beneficiado, del que en otro lugar nos ocupamos.

Cuatro casas de cristianos había solamente en el lugar de Cobda, por otro nombre presidio. No obstante este corto número, no los perdonó la codicia musulmana.

Guareciéronse en la iglesia los cristianos, para defenderse así de la persecución; pero no creyéndose seguros en ella, se retiraron a los montes. No fue poco el furor de los moriscos cuando, al penetrar en la iglesia, la vieron de todo punto desamparada. Desahogaron su rabia con las imágenes, altares y cuanto respetable había en la casa de Dios; y salieron en busca de los huidos. Encontraron a Pedro Martínez Calvache y con una lezna le sacaron un ojo. Mientras llamaba a Dios en su ayuda, protestó daba la vida por defender la fe católica. No bien acabó de hacer su confesión, cuando de un mosquetazo le acabaron, y con un hacha de cortar leña le dividieron la cabeza en cuatro partes. Más tarde le cuelgan de un árbol, le llenan de saetas, y finalmente le hacen muchos pedazos y los esparcen por el campo.

Del martirio del beneficiado N. Buenaventura, que poco después cayó también en sus manos, hablamos en otro lugar, y lo mismo sucede con otras dos mujeres, una de ellas esposa de Pedro Martínez. Pero el martirio más notable fue el de Luis Montesinos, el cual aunque, no pertenecía a este pueblo vino a padecer su muerte en Cobda. Preso en Huécija, lleváronle juntamente con doña María Solís, su hija, doña Francisca Gibaja y otras mujeres cristianas a la sierra de Gádor, de donde los trajeron a este lugar. Fueron recluidos en varias prisiones, con ánimo sin duda de probar si renegaban; pero viendo lo inútil de sus esfuerzos, y que ni promesas ni amenazas los rendían, trataron de poner por obra uno de los más bárbaros y crueles martirios que se cuentan en esta persecución en la persona de

Luis Montesinos. Todo lo dicho en el martirio del gobernador Biedma tiene lugar aquí, y con mucha más razón: si en todos los martirios se necesita una gracia especial para sobrellevar el trabajo, se necesita mayor aún cuando el martirio es prolijo, rebuscados y exquisitos los tormentos, larga la agonía, y cuando el dolor es agudo y duradero, y sin acabar nunca de morir el mártir, parece que en cada momento ha de expirar por la fuerza de los dolores. Es indudable que en todos los martirios la idea más abrumadora es la de perder la vida, pero cuando sobre perder la vida viene el perderla en medio de dolores prolongados, sensibles en extremo, de modo que el martirio en un prodigio de dolor, prodigio es también de resistencia, superior a las fuerzas humanas, el sufrirlo: Montesinos se encuentra en este caso. «Le sacaron de la cárcel, dice Antolínez, atadas las manos atrás, y con gran ruido y algazara le llevaron por las calles del pueblo. Llegaron con él enfrente de la casa de Zacarías, moro rico, adonde tenían presa a doña María de Solís, su hija, con otras cristianas, y por afligirle más, le desnudaron en carnes, y le colgaron de los dedos pulgares de los pies enfrente de la ventana donde estaba su hija, que forzada la hacían asistir a tan lastimoso espectáculo; y mostrando estos tiranos el odio y ponzoña que tenían en sus entrañas, le fueron cortando con una navaja los miembros, coyuntura por coyuntura, desde los dedos de las manos hasta los hombros. Sufría este riguroso martirio con invencible ánimo, glorificando a su criador, con tan grande afecto que no lo pudiendo sufrir estos enemigos de Dios le cortaron las narices, lengua y orejas, y con inhumanidad más que de fieras le sacaron los ojos. Trajeron luego leña para quemarle, y no encendiéndose tan presto, fue el humo tan grande que le quitó la vida, y el fuego consumió su cuerpo, quedando afinado el oro de su paciencia en el crisol de tan atroces martirios».

Teniendo nuevas de la rebelión los cristianos de Serón y Tíjola, se recogieron al fuerte, y al punto llegó sobre ellos el Malech, moro que había levantado la mayor parte del reino. Apenas dio vista a Serón con cuatro mil soldados, cuando los moros que estaban dentro saquearon la iglesia, quemaron las imágenes, y profanando los ornamentos sagrados, cometieron las demás abominaciones que hemos visto en otros lugares. Minaron luego por tres partes el fuerte, y la tercera mina les derribó una torre, y puso en tan grande aprieto, que considerando el gobernador Diego de Mirones el tiempo y necesidad, salió con treinta arcabuceros a pedir socorro a Baza. Entendieron esto los moros, y saliendo en su busca, les prendieron y mataron veintiocho soldados. Supieron los cercados su desgracia y la dificultad que había en enviarles socorro, por estar todo el reino levantado. Dieron oídos a tratos y se rindieron con seguros de las vidas. Apoderáronse los moros de la fortaleza, y quebrado el seguro y palabra, degollaron más de cien personas en la placeta de la iglesia.

No se habla en Files y Vízar sino del martirio del beneficiado Salinas, muy semejante al de Montesinos, y del cual nos ocupamos en su lugar. Los dos sacristanes, que hubieron de estar presentes al martirio, fueron colgados de los árboles, y llenos de saetas entregaron su vida, y estuvieron siempre constantes en la confesión de la fe.

Y acabamos este capítulo, dedicado a los invictos varones que forman el grueso de este ejército glorioso de mártires, con la pena e íntima convicción de que quedan muchos, muchísimos cristianos, envueltos en el secreto de la muerte tan misteriosa e ignorada, que ni siquiera van incluidos en esa cifra innominada de centenares de cadáveres, cifra con que algunas veces hemos tropezado en alguno de los pueblos enumerados.

Por esto está dicho también lo de sentir que es para el historiador no poder consignar aquí sino un número muy reducido de nombres, tan merecido como tienen estos héroes de la fe el que sus nombres fuesen bendecidos por todas las generaciones y esculpidos en letras de oro. Con nosotros y con la Iglesia entrarán a la parte en la pena los que con la sangre del mártir heredaron su apellido, que no es conocido en la historia: por el santo orgullo de los que llevan el apellido conocido, podéis deducirlo.

Capítulo VI. Las cristianas viejas

Párrafo I

Trescientas mujeres forzados, testigos de la matanza de los suyos. Causas de su aflicción. La matanza. Demostraciones de dolor. Nueva y terrible prueba. Aflicción indecible. En el vértigo del dolor. Mártires espontáneas. Pidiendo a voces el martirio. Dos niños mártires. Abenfarax enamorado de una doncella cristiana. Las mujeres cristianas en Berja. Una mujer intrépida. Dos mártires voluntarias. Isabel de Castro despeñada.

Acaso nunca se ha dado en la Iglesia un espectáculo semejante al de Ujíjar: unas trescientas mujeres forzadas a contemplar la horrible carnicería que hacían los verdugos en sus esposos, hijos y hermanos; ya que de todas edades y condiciones estaba compuesto el grupo de mujeres, verdaderamente heroicas. La nota dolorosa sube de punto cuando se considera que juntamente con las esposas y madres de los mártires estaba también un nutrido grupo de doncellas, hijas y hermanas de los mártires. Y lo que más llegaba sin duda al corazón de las madres, era aquel grupo, bien numeroso por cierto, de niños y niñas menores de diez años, y que por lo mismo estaban exceptuadas del martirio. ¿Se puede ni siquiera conjeturar lo que pasaría en aquellos corazones cuando vieran correr la sangre a torrentes, cortar los miembros, abrir a hachazos los cráneos, saltar los ojos, hundir los puñales en el pecho, rodar las cabezas, el ver trillar sus cadáveres, cuando las hay que no pueden presenciar la muerte de un cordero? Las lágrimas, las contorsiones de dolor, los gritos y sollozos, las súplicas a Dios, las manifestaciones y protestas de querer sufrir ellas las heridas que hacen a los suyos, y, el querer correr desatentadas a abrazarse con los restos tan queridos, forman un cuadro de dolor sobre manera grande y terrible, del que ya dimos cuenta en su lugar y no hay por qué volvamos a repetir. Basta con lo dicho para satisfacer a la necesidad de no omitir por completo hacer memoria de estas mujeres en el capítulo dedicado a ellas.

Bueno es hacer constar, para no repetir, que semejantes escenas se renovaron en muchos puntos, si bien no tuvieron la solemnidad y trágico aparato que en Ujíjar. No siempre, en efecto, se propusieron los enemigos traer de propósito las mujeres a contemplar el espectáculo de la muerte de los suyos; pero la circunstancia de hacerlos morir muchas veces en la cárcel, o cerca de ella, hacía que para las mujeres no pasara inadvertido el martirio.

No queremos pasar en silencio un hecho tan nuevo y peregrino como hermoso.

Catalina Salcedo Quijada, en una declaración que prestó en la villa de Ujíjar ante el provisor enviado a tomar noticias de los mártires por el señor Escolano, como ya hemos indicado en otro lugar, dijo bastantes cosas hermosas relacionadas con los martirios, y entre otras dijo haber oído a varias personas que fueron testigos presenciales de los martirios de esta villa, que entre las mujeres presas en la iglesia había una joven que sería hasta de dieciséis años, a la cual se aficionó el tirano Ferax Abenfarax, y como la enviase a pedir a su madre, ésta afeó el rostro a su hija con tizne de carbones; y viéndola el tirano la persuadió que se hiciera mora y casaría con ella. La joven, que no era menos valiente que su madre, le respondió que no quería, que era cristiana por la gracia de Dios; y entonces con el enojo de su respuesta la hizo matar en su presencia a puñaladas. Hermoso y terrible ejemplo a la vez, pues es poner a prueba en fuerte tentación la vanidad de una mujer joven, que se ve halagada por el general mismo de esta guerra, el amor, la vida amenazada de muerte y el apego natural a su belleza afeada a satisfacción de su madre, que no descuidó su cometido, transformando un rostro hermoso en repugnante a fin de apagar el fuego de la pasión ciega que se apoderó del cruel tirano. Blanca azucena, que como las 25 de Ohanes y tantas otras, caen en tierra heridas por el rayo de la persecución, despidiendo de sí todo el aroma embriagador de una castidad virginal.

Tampoco pasó inadvertido el martirio de los hombres de las mujeres de Berja, porque las presas en la iglesia hubieron de presenciar los azotes que, a cuerpo enteramente desnudo, dieron a tres beneficiados y un cura. Lance por demás doloroso, y que por la calidad de las personas, sacerdotes, los cuales en porte y vestido predicaban castidad, y que por el respeto y veneración en que las cristianas los tenían, resulta sobremanera vergonzoso y doloroso. Bien se deja comprender lo que sufrirían aquellas mujeres que, hundidos los rostros entre las manos por la vergüenza, y sintiendo estremecimiento de compasión a cada golpe de los azotes que resonaban en los ámbitos de la iglesia, hiriendo sus oídos, eran forzadas a ser testigos de todas estas desvergüenzas y crueldades. Aunque a decir verdad esto no fue sino parte de su tormento, pues asegura Almenara que a todos los varones desde los diez años se les desnudó, atándoles las manos a la espalda. En tan íntima comunicación se llevaban a cabo estas cosas, que el mancebo de diecisiete años Francisco Cañizares, atadas las manos a la espalda, cuando le llega su turno para la muerte, se acerca a la reja de la capilla mayor en donde estaban las mujeres, como dijimos en el capítulo de los cristianos viejos, y suplica a su madre con gran humildad y rendimiento le eche la bendición para morir por Cristo, y le arme con la señal de la cruz que él no puede hacer, y ella se la da con muchas lágrimas, sobreponiéndose con valor a todo otro respeto.

Y tan sobre el éxito del martirio estaban las mujeres, que Constancia Vázquez, haciendo honor a su nombre, con ojo avizor se da cuenta de la tibieza con que camina al martirio Francisco Tejada, y tomando un crucifijo en sus manos, pasa intrépida por medio de los enemigos, y llegando a Francisco con unas palabras de fuego, encendida con la inspiración del Espíritu Santo, cual si fuera, dice Escolano, un literatísimo doctor, le empezó a hablar sobre la brevedad y engaño de este mundo, la certeza de la vida eterna y su felicidad en el logro de cualquier tormento padecido por Cristo, y la confesión de su fe. Fortalecido con esta exhortación dio valerosamente la vida por Jesucristo. No pudo llevar a cabo Constancia esta bienhechora obra sin que un morisco, lleno de rabia, con un alfanje le asestase un golpe que dio en tierra con el crucifijo y a ella hirió gravemente. Dichosa herida que acaso evitó una prevaricación, que hubiese sido única, por supuesto, en esta brillante época de mártires, en la que la principal gloria estuvo en la voluntad tan decidida con que los cristianos recibían la muerte por defender la fe.

No para aquí la gloriosa historia de las mujeres de Berja, hay aún ejemplo muy semejante a los referidos en Ujíjar: tal fue el de Agustina de Mieres. Esta valerosa mujer, lo refiere Almenara, dijo a voces que quería morir por Cristo, y así, acompañada de dos hijas suyas, cuyos nombres no se pudo averiguar, se metieron intrépidas y decididas entre los verdugos que mataban a los varones, y sin miedo a las espadas y chuzos murieron gloriosamente, como hombres. Isabel de Castro tuvo un martirio especial y por decirlo así imprevisto. Quizá la fama de virtuosa de que gozaba la ganó de parte de Dios el privilegio de morir por Cristo. Era mujer muy gruesa, y como no pudiera caminar tan deprisa como sus compañeras, cuando las llevaban cautivas a Andarax, la despeñaron de unas peñas muy altas, donde se hizo pedazos.

Párrafo II

Escasez de datos de Huécija. Son enviadas a la sierra algunas mujeres. Otras son llevadas a diversos lugares. Destinadas a Fez las de la sierra. Mueren quemadas muchas en Pórtugos. Mujeres muertas en Dalías y Mecina Fondales. Notable muerte de las veinticinco doncellas de Ohanes. Una morisca corta la cabeza a tres cristianas en Cobda o presidio. Obligan a presenciar el martirio de su padre a las hijas de Montesinos. Algunas mujeres fueron libres, después de dura prisión, por el marqués de Mondéjar.

Con ser tan terrible la mortandad de Huécija, sobre todo cuando se hunde el interior de la torre y perecen quemados muchos hombres y mujeres que allí se habían refugiado, apenas tenemos datos sobre los nombres de las víctimas. Algunas se descolgaron de la torre con no pequeño peligro y daño de algunas de ellas; tal sucedió con doña Beatriz Salmerón, que se quebró una pierna al ser descolgada de la torre, según dice un testigo. Otro añade que hubo una morisca caritativa que curó la pierna a doña Beatriz. Parecida atención tuvieron otros moros amigos de doña Leonor y doña Petronila de Orozco, a quienes sacaron por una saetera, mientras otros abrían un agujero por donde, mediante un canal, echan aceite y fuego. Temerosos los moros de la venida del marqués de Mondéjar se subieron con sus mujeres a la sierra. A la sierra mandó el Gorri también que llevaran a la dicha doña Leonor y Petronila de Orozco, con su criada y otras cristianas.

No debió ser este punto de la sierra el único al que llevaron las cautivas, pues hay testigos que dicen fueron llevadas algunas a Ujíjar, e Isabel Salmerón dice que la llevaron a Andarax, en cuya iglesia encontró otras 130 cautivas de Berja y Dalías, y que dos días antes habían sacado doce muchachitos a matar y después vio otros tres o cuatro sacados con pretexto de traer agua y que jamás volvieron, como anotamos en su lugar.

Y también se dice que fueron llevadas a Illar. Todo parece indicar que en el poco orden y concierto que debió haber en la retirada, al sospechar se acercaba el marqués de Mondéjar, huyeron por diversos caminos, siguiendo las cautivas la suerte de sus verdugos.

No debemos omitir que el historiador Cabrera dice que las mujeres llevadas a la sierra estaban destinadas a Fez, entre las cuales fueron las hijas del Alcaide. Y añade además que fue crucificada una hija de un alcaide llamado Calle. Es uno de tantos casos en que se demuestra el odio religioso de la rebelión.

En Pórtugos mueren quemadas juntamente con otros cristianos en la torre muchas mujeres. Para otro lugar dejamos la muerte de una morisca.

Ni debemos pasar por alto, aunque no tengamos pormenores del hecho, que en Dalías, además de dos moriscas de las que daremos cuenta en su lugar, juntamente con Domingo de Figuerelo, mataron a su mujer María y seis hijos, de los cuales dos, María y Luisa, han de figurar en este catálogo.

Así mismo, en Mecina Fondales, sufrió martirio juntamente con su marido, Francisco Montañés, la mujer de este mártir, y también la mujer de Francisco Ramírez con su marido. Por cierto que en la muerte de este matrimonio hubo una nota de crueldad digna de la cualidad de los verdugos. Con pretexto de que eran llamados por Abenhumeya, los sacan de la cárcel, y como al pasar por la iglesia, con mucha devoción y copia de lágrimas se arrodillasen a pedir perdón de los pecados y fortaleza para sufrir el martirio, lo llevaron tan a mal los moriscos, que en aquel momento, dejada toda disimulación, empezaron las violencias, desnudando a los dos, y llevándolos a paso acelerado delante de los caballos, y llegados a un llano, los atropellaron con los caballos y murieron materialmente destrozados por el batir de los cascos endurecidos con las herraduras y los clavos.

No cabe duda que en Ohanes toma la persecución un carácter religioso más acentuado. Algunos historiadores, entre ellos Herrera, habla de un sacrificio que los moriscos ofrecieron de doncellas y de sacerdotes para obtener el favor de Dios en su causa. En Ohanes, lugar áspero y fragoso, según la expresión de Escolano, se reunieron veinticinco doncellas, traídas de otro lugares de la taha de Marchena, tal vez por lo fuerte del castillo y lugar de defensa.

Antolínez dice que fueron los moriscos los que las llevaron a Ohanes, mientras Escolano atribuye este hecho a los parientes de las doncellas. En ambos casos resulta que estas doncellas eran jóvenes escogidas y principales. Si fueron sus padres, se comprende fácilmente que quisieran quitar este cebo a la lujuria de los musulmanes y ponerlas en lugar seguro. Si por el contrario fueron los moriscos, no se explica este afán de llevar estas doncellas a Ohanes, sino por ser gente muy selecta y a propósito para ofrecer un sacrificio a Dios y a su profeta, meditando algún plan diabólico con que poner en ejecución su refinada crueldad. Sea de ello lo que quiera, no se puede dudar de que las doncellas cayeron en poder de los moriscos, los cuales hicieron con ellas lo que de tal gente podía esperarse. Persuadiéronlas con ruegos y caricias dejaran la fe. Y como con tales armas nada consiguieron de ellas, dejaron la fingida piedad y compasión que de su tierna edad y juventud mostraban tener, y apelan al arma más poderosa que la misma muerte para vencerlas, dado el recato y vergüenza de las doncellas. Desnudaron en carnes a las doncellas, y entre estremecimientos y miedo de ser violadas, y llenas de vergüenza, sacáronlas al campo, y las ataron fuertemente a unos morales, y ejercitaron en ellas un terrible y extraordinario martirio. Trajeron cantidad de zarzas, y, revolviéndoselas a sus castos y delicados cuerpos, tiraban estos sayones con fuerza por el remate de las zarzas, y así hacían que las puntas las hiriesen y penetrasen, rasgando sus carnes. Renovaron muchas veces este género de tormento en todas estas santas doncellas, y aunque tan inhumano y cruel, pareciéndoles sin duda poca cosa, las pusieron por blanco de sus saetas y arcabuces, e hirieron con tantos tiros, que en breve alcanzaron la corona del martirio, juntamente con la palma de la virginidad.

Quedaron sus cuerpos en el campo en manos de los muchachos, que después de haberlos arrastrado, los dejaron entre unos zarzales, donde los halló el marqués de los Vélez, y con piedad cristiana los hizo enterrar, sin que se haya sabido dónde. Así cayeron tronchadas estas veinticinco azucenas, embellecidas con su propia sangre, y ofreciendo a los ojos de Dios y de los ángeles, entre la blancura de su alma y el rojo de sangre virginal, un espectáculo grandioso sobre toda ponderación. Bandada de palomas que levantó el vuelo en la tierra y penetró en el cielo, como el alma de santa Escolástica, para incorporarse a aquel coro de vírgenes que acompañan con sus cánticos al Cordero. Émulas de santa Cecilia, santa Inés, y tantas de los albores del cristianismo, venían a demostrar cómo no se acaba en la Iglesia la raza de las heroínas de la virginidad y del martirio, que en cuerpos débiles encierran almas de férrea voluntad, personificación de la más tierna piedad e invicta fortaleza. Si es cierto que aquellas veinticuatro cabezas que encontraron en la iglesia era un presente al reyezuelo, por la calidad de las personas inmoladas se ve desde luego por ambos hechos, que en Ohanes se había reunido la flor de los cristianos viejos de la taha de Marchena, y que aquí murieron en estas dos terribles carnicerías.

También hay noticia de que aquí murió otra mujer, Ana Vizcaína, con su marido e hijos.

En Cobda o presidio, Brígida López, Quiteria Quesada y la mujer de Pedro Calvache fueron injuriadas con palabras deshonestas, y entregadas a una morisca libre y colérica, que con una cimitarra les cortó la cabeza, deján-dolas sin sepultura. Doña María de Solís, hija de Luis Montesinos de Solís, doña Francisca Gibaja y otras cristianas fueron llevadas de Huécija a las montañas de Gádor, y de Gádor a Cobda, en donde las obligan, muy particu-larmente a la hija de Luis Montesinos, a ver a su padre cómo le van cortando miembro por miembro.

Ana de Quirós fue presa con su hermano, beneficiado, y fue llevada de Conchar a Poqueira. Un agareno por codicia le quita el vestido, y la obliga a ponerse el vestido maltratado y sucio de una morisca. Aquí son llevadas presas a casa de un morisco, en donde ya estaban prisioneros otros treinta cristianos en una cueva oscura y profunda, y más tarde son libertados por socorro que envió el marqués de Mondéjar, al ser abandonadas en la fuga de los moriscos.

Párrafo III

Las mujeres de Jorairátar. Intentos de los moriscos que deshace el B. Navarrete. Regocijo al oír la sentencia de muerte. Mueren todas las mujeres. Prisión de las cristianas de Soportújar. Intento de pervertir a las de Gérgal. Son muertas 25 cristianas por orden de Portocarrero. Mueren también todos los encerrados en la fortaleza. Dos mujeres, mal degolladas, viven varios días en la nieve. Crueldad de Portocarrero. Muertes en Padules. Restos fúnebres. Otras crueldades.

En Jorairátar jugaron las mujeres un papel importante, a juzgar por el interés y cuidado que sobre ellas tuvieron los de uno y otro bando. Creyeron los moriscos cosa fácil el pervertir a las mujeres, y acudieron a poner en juego todo el repertorio de sus promesas, para ver de obtener de ellas la ansiada prevaricación. Pero como el B. Navarrete entendiese esta maldad, herido en lo más vivo, se opuso con osadía a semejante proceder, poniendo delante de los ojos de las cristianas la necesidad de mantenerse firmes en la fe. Sus palabras, llenas de unción y caridad, fortalecieron más y más a las que estaban ya dispuestas a morir antes que dejar la fe de Jesucristo. Bien se percataron los moriscos del efecto de las palabras del B. Francisco Navarrete, y así optaron por alejar al sacerdote de las cristianas. Inútil recurso, pues desde donde estaba en alta voz continuaba sus exhortaciones a hombres y mujeres, y por dos días que duró la prisión no cesó en su tarea apostólica. Muy especialmente se renovó este cuidado del sacerdote cuando les leyeron la sentencia de muerte el segundo día de Pascua. La mejor señal del ánimo en que estaban estas mujeres fue la alegría con que recibieron la noticia de la muerte. De sentir es que no hayan quedado más noticias de su martirio. Martirio, sí, porque no parece que hubo aquí la excepción que libraba a las mujeres de la muerte, para cambiarla por el cautiverio. «Porque es común entre los escritores, dice Escolano, que este mismo género de muerte se dio a las mujeres». Y ya se sabe que en este pueblo perdieron la vida muchos, entre ellos el mismo beneficiado y su sacristán, siendo muertos a estocadas y cuchilladas, hechos pedazos, y separadas las cabezas de los troncos, fueron entregadas a los muchachos para hacerlas objeto de burlas y de juego. Y así debieron tratar también a las mujeres.

Juntamente con los demás cristianos varones fueron presas también las mujeres de Soportújar, y al ser sacadas con los demás de Soportújar, para ser ejecutados los varones por orden de Abenhumeya, mandó también el reyezuelo que a las mujeres y niños llevasen presas. Y es lo único que acerca de las mujeres de Soportújar podemos decir.

En cambio las escenas de Gérgal no pueden ser más dolorosas. Habiéndose acumulado en este pueblo muchos presos cristianos de uno y otro sexo, con los suyos propios y los venidos de Santa Cruz. En vista de ello mandó el gobernador que quedando en Gérgal en buena custodia las mujeres, pasasen los hombres a Canjáyar. Fueron las mujeres en sus prisiones muy molestadas por el empeño de los sarracenos en hacerlas prevaricar, muy especialmente por las instigaciones del capitán de los rebelados en este lugar, N. Portocarrero. Ellas siempre dieron muestras de cuál sería su constancia, llegado el caso del tormento, por el poco caso que hacían de promesas y amenazas. Como el cabo de esta gente hubiese entendido que venían con gran copia de soldados los marqueses de Vélez y Mondéjar, por congraciarse con ellos determinó ofrecerles la libertad de estas mujeres. Entendió el caso Portocarrero y, envió algunas escuadras de soldados para que ejecutasen en el camino a todos los que encontraran, y así, habiéndolos tropezado en el camino de Ohanes, dieron muerte a veinticinco mujeres. Entre ellas murieron las hijas del licenciado Blas de Biezma, Beatriz Riquelme, mujer de Pedro Manuel, y María de Morales, mujer de Pedro Delgado. En este mismo punto de Gérgal, al morir degollados por orden del mismo Portocarrero Diego de Acevedo, vicario de este lugar, y el B. N. de la Paz, sufrieron la misma suerte la madre del vicario y una hermana del beneficiado. Todas estas noticias están tomadas de Escolano. Mármol refiere que, encerrados los cristianos en la fortaleza con engañosas promesas de que allí se podrían guarecer mejor, una vez encerrados dentro, fueron muertos todos, hombres y mujeres, grandes y chicos, todos los que allí se habían refugiado, y después sus cuerpos fueron arrojados en el campo. Y añade Mármol una cosa bastante inverosímil, dado la estación tan fría, de no acudir a un prodigio, muy parecido a un milagro, milagro que no hay dificultad en admitir. Dice que quedaron dos mujeres mal degolladas y desnudas en el campo, en donde estuvieron siete días sin comer ni beber, sustentándose con solo nieve, y que fue Dios servido que se salvasen, pues unos soldados de Baza, que iban a correr la tierra, las recogieron y abrigaron y llevaron a la ciudad, en donde curadas de las heridas, vinieron a sanar. Todo esto, concluye Mármol, fue ejecutado por este hereje que en lo exterior se llamó Puerto Carrero y en lo interior Aben Mequemur.

De lo dicho se infiere para poder componer ambas relaciones, que debió haber dos matanzas en dos distintos sitios: una fue la ejecutada en el camino de Ohanes con las mujeres enviadas en son de presente. por un lugarteniente de Portocarrero, y que éste llevó a mal se hiciese sin contar con él;

motivo por el cual ordenó la persecución y muerte de aquella caravana de cautivas; y otra matanza no menos cruel la ejecutada en el castillo. Sin que podamos determinar si la muerte de los sacerdote, con la madre del vicario y la hermana del beneficiado, fueron también en el castillo o en otra ocasión dedicada a dar muerte a los sacerdotes, como en tantas ocasiones ocurrió. De cualquier modo que sea, una cosa solo queda fuera de duda: la malevolencia y crueldad de Portocarrero, émulo de Feraz Abenferax, y el gran número de mujeres que en Gérgal fueron martirizadas, sin contar otros de los cuales ahora no tratamos, como los niños, que debieron morir seguramente en mayor número que las mujeres.

Si Portocarrero dejó atrás en crueldad en Gérgal a los más crueles moriscos, no le van en zaga cuatro moros que dispusieron de la vida y hacienda de los cristianos de Padules. La madre del licenciado Juan de Morales, B. de Veires, doña María; una hija suya con dos hijos, una criada de la misma, llamada Inés, una hija de Luis de Castilla, llamada Juana, Beatriz, mujer de Pedro Trujillo, con tres hijos y una hermana del mismo Pedro, llamada Isabel; una esclava negra buena cristiana, llamada Lucrecia; Isabel Pérez, mujer del sacristán y dos hijos suyos: todas ellas con otros cristianos y sacerdotes fueron muertas a puñaladas, único género de muerte a lo que parece que adoptaron los tiranos en este lugar. Así lo refiere Almenara en sus informaciones de Veires y Padules. Con estas muestras de crueldad coincide lo único que llegó a noticias de Escolano, cuando refiere como muestras de lo durísimo de la persecución en Padules el haber encontrado en medio del lugar un montón grande de cenizas con cabezas, brazos y pies medio abrasados. Todos estos restos fueron honrados con religiosa sepultura por los soldados del marqués de los Vélez. Por lo demás la población abandonada ofrecía por todas partes muestras de una gran mortandad y destrucción. La fuga que los rebeldes se vieron obligados a emprender en estos pueblos por la proximidad del ejército, explica dos cosas: la crueldad con que en venganza acababan con todos los cristianos, y la falta de noticias; pues ni Antolínez, ni Mármol, ni Escolano dicen cosa alguna de Veires y Padules. Solamente Almenara en la relación dicha nos transcribe a secas los nombres ya expresados de las cristianas.

No dejemos de añadir para terminar que entre las muchas crueldades que se cuentan de Canjáyar, está la de haber dado muerte a Catalina, mujer de Juan Gallego, estrellando contra la pared a dos hijos suyos, y como no hubiera acabado de morir la dicha Catalina, la arrastran desnuda por las calles. Con ella murieron también Ana de Bareca y María de Biedma, hija de Biedma, gobernador de Boluduy; Isabel Gallego y cinco hijos suyos; Luisa Balena, María del Castillo, persona de calidad; Ana Martos y su suegra María González, y una mujer castellana cuyo nombre se ignora. De Ibiza, en donde fueron quemados vivos en una torre todos los cristianos que se habían refugiado en ella, se llevaron a Canjáyar las cautivas cristianas, en donde las mataron con otras muchas.

Párrafo IV

La marcha al cautiverio. Causas de sus horrores. Hambre, frío y desconsideración. Trece niños hechos pedazos. A Isabel del Río arrojan en la falda la cabeza de su marido. Niña muerta de frío en el castillo de Jubiles. En peligro de ser degolladas todas las cautivas de Jubiles. Gran número de prisioneras. Ochocientas cautivas a Granada. Las tres grandes penas de las cautivas.

Una vez terminada la matanza en cada punto, las mujeres supervivientes, y con las cuales se había respetado el decreto del reyezuelo de conservar su vida, eran llevadas cautivas a diversos puntos, eligiendo con preferencia aquellos pueblos y castillos que creían más seguros. Y en esta cautividad permanecieron hasta la llegada del ejército pacificador, que fue en los primeros días de febrero. Con lo cual en algunas por lo menos el cautiverio debió durar unos cuarenta días, poco más o menos, pues esta es la cifra que en varias declaraciones se lee.

Este período de la cautividad de las cristianas viejas hace llegar hasta nuestros oídos los más tristes ayes y lamentaciones; la terrible nostalgia del pasado, el amargo recuerdo de sus hijos y maridos, el hambre, el frío y la carencia absoluta de toda comodidad, la falta de consideración de parte de los vencedores, la lucha a brazo partido con la pertinacia musulmana en insistente guerra declarada a sus creencias, para obtener de ellas la apostasía, y como corona de todo, la incertidumbre del porvenir y el fantasma aterrador de perpetua esclavitud, bajo la férula del moro eran más que suficientes para hacer su situación más amarga que la misma muerte, y para que ésta viniese a segar con su terrible guadaña muchas vidas, que sucumbieron bajo el peso de trabajos.

Cuatro rasgos tomados de la realidad pondrán ante nuestros ojos tan triste cuadro.

Si había habido entre las mujeres quien perdió el juicio al presenciar la matanza de los suyos, ¿qué no podía temerse de las que eran encerradas entre cuatro paredes, llevando aún en sus manos y, en sus rostros las manchas de sangre de los seres más queridos de su corazón? Habían de alimentarse de limosna, y pedirse de puerta en puerta para las cristianas. A veces, como en Paterna, se señaló un muchacho para que a la vista de un moro fuese pidiendo para las cristianas, ¿pero qué podía esperarse de quienes las habían despojado de sus hijos, de sus maridos, de sus joyas y hasta de sus ropas? De la consideración y compasión que las tenían son evidente testimonio los trece niños que entresacan de un grupo de cautivas y son hechos pedazos en presencia de sus madres. En la villa de Laujar certifica un testigo que un mozo llamado Callejas, y que debía ser compasivo, las echaba por debajo de la puerta de noche a las cautivas lo que podía adquirir, y no falta quien dice que descubierto por los otros moros, le costó la vida.

A las cautivas en Bayarcal se las amenazó con la muerte. Feraz las entrega por esclavas a los moros, y mientras no las destinaron a un presidio, varios días pidieron limosna.

No era mayor el respeto que se las tenía encerradas ya en sus cárceles; pues hasta allí se introducen, como en Paterna, los asesinos de Luis Dorador, para arrojar en la falda de su esposa, Isabel del Río, su ensangrentada cabeza: y como ella, fuera de sí, se mezclase en el grupo de los asesinos, estuvo en peligro de morir de un golpe de alfanje. A doña Elena, hermana del capitán don Diego de Molina, se la heló una niña de pecho en el castillo de Jubiles, y hubieran sido degolladas todas las cautivas de este castillo la víspera misma de ser puestas en libertad, si hubiese prevalecido el parecer de los monfíes en un consejo de guerra.

La fuerza de estas consideraciones sube de punto cuando se piensa en la multitud de mujeres sometidas a tan duro tratamiento. Si habían sido millares los mártires, no hay razón para juzgar bajen de ese número las prisioneras y las esclavas. Y si a ellas se añade el número de niños y de niñas, que con sus madres y hermanas mayores habían de comer el duro pan de la prisión amasado con tantas lágrimas, hay motivo suficiente para adivinar las escenas de dolor que quedaron ocultas entre las cuatro paredes de las cárceles. Solo a la hora de ser libertadas es cuando, como por un resquicio, se puede ver el triste calvario que hubieron de sufrir aquellas mujeres alpujarreñas, heroínas de la fe y dignas compañeras de los hombres que acababan de morir tan gloriosamente. Algún otro dato suelto nos da una idea de lo que decimos. En Bubión cobraron libertad ciento diez cristianas. Abandonado Pitres por los moros, se encuentran en la iglesia otras ciento cincuenta. Más de trescientas fueron libertadas en Cobda, Laujar y Fondón. En la iglesia de Andaraz encontró 130 cautivas Isabel Salmerón, de Huécija. Célebre es por más de un concepto el castillo de jubiles, que por estar en lo alto de un cerro, se juzgó punto a propósito para enviar a él innumerables mujeres prisioneras; pues solo don Francisco de Mendoza, al rescatar a su mujer e hijas, llevó consigo cuarenta de estas infortunadas. Y triste espectáculo hubo de contemplar Granada, como ya diremos, el día que llegaron a esta ciudad ochocientas de estas infelices, entre mujeres y niños, que según refiere Mármol, envió el marqués de Mondéjar con el fin de dejar el campo más desembarazado y libre para los efectos de la guerra. Téngase en cuenta, además, que fuera de las que gemían en las cárceles y en las iglesias, convertidas en presidios, había muchas en poder de los moros sufriendo la dura coyunda de una esclavitud quizá cien veces peor que la prisión. Hay detalles sueltos que no dejan lugar a duda; sirvan por todos de ejemplo aquellos dos moros a quienes sorprendieron en una cueva cercana a Ujíjar, a más de su familia, llevaban ellos dos solos consigo nueve cautivas.

De todas las penas que aquejaban y gravaban los corazones de tales mujeres, hay tres que, como tres clavos agudísimos, les tenían clavadas en la cruz; el recuerdo de sus hijos y maridos, la presencia de sus hijos pequeños sufriendo los trabajos del cautiverio y, finalmente, el fantasma aterrador de todo lo que se podían temer de la lujuria del musulmán.

Puede decirse que solo el recuerdo del triste fin que habían tenido sus hijos y maridos mantenía continuamente abiertas las fuentes de sus lágrimas, sin que el tiempo fuese un lenitivo a su dolor. En su memoria vivía siempre fresco para atormentarlas aquel momento terrible en que las cimitarras, las hachas y los arcabuces destrozaban sus cuerpos, y esparcían las entrañas para que saciaran su hambre en ellas los perros y las aves de rapiña. Aquellos niños menores de diez años, y aquellas niñas de todas las edades pidiendo pan, tiritando de frío, consumidos y enflaquecidos cada día por la falta de expansión al aire libre, tan necesaria en la niñez y juventud, como crueles garfios desgarraban sus corazones. Y para triste corona de tantos trabajos, éstos podían acabar en el indecible para una mujer honesta y virtuosa: el ser pasto de la lujuria de aquellos hombres tan sensuales.

Párrafo V

Mártires en el corazón. Triple martirio. Brava lucha por conservar la fe. Gravedad del peligro de perderla. El mayor sufrimiento del cautiverio. La entrada de las cautivas en Granada. Conmoción de la ciudad. Reliquias vivientes.

Ciertamente que solo por estas indecibles amarguras hay motivos para tenerlas como mártires en su corazón, y merecedoras de nuestra admiración y estima. Nuestra Señora, se dice, fue crucificada en su corazón al ver crucificar a su Hijo, y la Iglesia la considera como corredentora y partícipe en el mérito de la redención. A estas cristianas viejas a quien su propia inclinación y el calvario en donde iban a pasar los últimos años de su vida las hacía devotas de sus dolores y de sus angustias al pie de la Cruz, hay que considerarlas también como mártires, por el triple martirio que en su corazón sufrieron.

Todos estos dolores estaban realzados en su merecimiento delante de Dios en tanto grado, que puede decirse que en su corazón eran mártires. Porque todos ellos iban mezclados y acibarados en grande escala con la lucha a brazo partido con la pervicacia y pertinacia del moro, que no cesaba un momento de acudir a promesas y amenazas de todo género para obtener de ellas la prevaricación en su fe.

Cuando se compara lo poco que duró aquella lucha que hizo mártires a sus hijos y maridos, y se paran mientes en ésta, no puede pensarse de que juntos todos estos dolores, y esta instigación continua y amenazadora, no las hagan mártires en la presencia del Señor, por lo menos a aquellas, no escasas en número, que sucumbieron en el periodo del cautiverio. De cuán terrible era este tormento, y cuán acerbo sufrimiento les proporcionaba todo ello, dan buen testimonio las palabras de las cautivas de Jubiles al marqués de Mondéjar; pues a pesar de tantos trabajos, éste es el que más las afligía; y por eso, no por sentimiento de venganza, pedían justicia al marqués de Mondéjar en Jubiles, como la pidieron más tarde en Granada a don Juan de Austria, Quiero copiar de Mármol lo que dice con motivo de la entrada de dicho marqués en Jubiles: «Junto a unas peñas, que están cerca de las casas a la parte alta hacia poniente, salieron a recibirle las cristianas cautivas con un piadoso llanto verdaderamente digno de compasión; las más de ellas llevaban sus hijos en los brazos, y otros algo mayores que las seguían por sus pies, y todas con las cabezas descubiertas, y los cabellos tendidos por los hombros, y los rostros y los pechos bañados de lágrimas, que entre gozo y tristeza destilaban de sus ojos. No había consuelo que bastase a consolarlas viendo nuestros cristianos, y acordándose de los maridos, hermanos, padres e hijos, que delante de sus ojos les habían sido muertos con tanta crueldad; y dando voces decían: «No tomen, señores, a vida hombre ni mujer de aquestos herejes, que tan malos han sido, y tanto mal nos han hecho; y sobre todos nuestros trabajos, nos persuadían a que renegásemos de la fe con ruegos y amenazas». El marqués se enterneció al ver aquellas pobres mujeres tan lastimadas, consolándolas lo mejor que pudo.

La conmoción de la ciudad el día que arribaron a ella aquellas ochocientas, entre mujeres y niños de que hablamos arriba, fue extraordinaria. Habían tardado seis días en el camino desde la Alpujarra, porque caminaban a pie. Venía Tello de Aguilar con la compañía de caballos de Écija y dos compañías de infantería de Granada. Al entrar en la ciudad puso la infantería en la vanguardia, detrás, y a manera de procesión, venían las cautivas, y la caballería a retaguardia; los escuderos llevaban cada uno dos niños en los arzones y en las ancas de los caballos, y algunos tres, dos en los brazos y el mayor en las ancas. Salió gran concurso de gente a verlas entrar por la puerta de Bibarrambla, y entre sentimientos de alegría y compasión, daban todos infinitas gracias a Dios que las había librado del poder de sus enemigos. Llegándolas a saludar, había muchas que en queriendo hablar les faltaban las palabras y el aliento; tan grande era el cansancio y congoja que llevaban. «Había entre ellas, dice Mármol, dueñas nobles, apuestas y hermosas doncellas, criadas con mucho regalo, que iban desnudas y descalzas, y tan maltratadas del trabajo del cautiverio y del camino, que no solo quebraban los corazones a los que las conocían, más aún, a las que no las habían visto». De esta manera atravesaron la ciudad, llegaron a hacer oración y dar gracias a Dios al Monasterio de Nuestra Señora de la Victoria, encima de la puerta de Guadix, y de allí a la Alhambra, a que las viese el marqués de Mondéjar. De aquí volviendo a casa del señor arzobispo, en donde las que tenían parientes las llevaron a sus posadas, y las otras fueron hospedadas en caridad entre la buena gente, y de limosna se las compró de vestir y de calzar. Los granadinos, llenos de santa envidia, debieron ver aquellas mujeres y aquellos niños como reliquias de mártires, a juzgar por la devoción con que se disputaron el hospedarlas en sus casas. Ciertamente que al mirar sus cuerpos tal maltratados aparecían sus cabezas como nimbadas con los resplandores de gloria del martirio, Y en el alma de todos, y en el ambiente de la ciudad flotaba y se leía una convicción y un espíritu que podía cifrarse en aquella sentencia del Evangelio: Bienaventurados los que padecen persecución por la justicia, porque de ellos es el reino de los cielos.

Capítulo VII. Gonzalico, Melchorico y otros niños mártires

Párrafo I. Pequeños héroes de la Iglesia. Prendas sobrenaturales de Gonzalico. Naturaleza y educación. Su concepto del martirio. Admiración de sus contemporáneos. Apóstol entusiasta del martirio

Lo primero que ocurre, al escribir de este niño extraordinario, es que no desdice, al contrario merece compararse con los más célebres niños cuya historia nos ha conservado la Iglesia: con san Tarsicio, aquel niño mártir de la Eucaristía, que cayó muerto en las calles de Roma, abrazado al Sacramento, que él mismo había pedirlo llevar en el relicario de su pecho a la cárcel Mamertina para confortar a los mártires antes de ir estos a entregar su vida por Cristo; con el niño Samuel, cuando se criaba en el templo, y Dios le escogió como instrumento de una misión al Sumo Sacerdote Helí, convirtiéndole en predicador del que más bien había de serlo del educando y de los demás; la historia de los niños Justo y Pastor, arrojando las cartillas en la escuela para precipitarse al martirio; la de aquel niño de cinco años, que en tiempo del emperador Justino se lanza al fuego con su madre; la del niño Ignacio, que muere quemado también con la suya en el Japón, no ofrece un conjunto de circunstancias tales como las que ocurren en el martirio de este niño verdaderamente excepcional.

Su espíritu aparece revestido de tales claridades de la gracia, que no se puede menos de pensar en un alma extraordinaria; pues tanto influjo produjeron sus palabras y sus acciones en los que presenciaron su martirio, que entre tantos y tan extraordinarios prodigios de valor y de la gracia, quedó este ejemplo tan profundamente grabado que, después de setenta y ochenta años, todavía movía a lágrimas a los testigos de su martirio y de sus palabras, cuando lo recordaban y referían por centésima vez a sus hijos y nietos.

Debió ser un conjunto de dotes y de prendas, del orden natural y sobrenatural, tan concertado y armónico, que nada dejara que desear. Digno de capitanear este ejército de niños que pasan de 60, a quienes cupo la suerte de padecer martirio en aquella persecución que historiamos ahora.

La mejor descripción que podríamos hacer del temple de su alma nos la da completa, la simple narración de su martirio, única historia que poseemos de este jovencito, en cuyos actos aparecen siempre las energías de héroe.

Había nacido en Mairena, de padres nobles, al parecer. Su padre, Gonzalo de Balcázar, tuvo la suerte también de sufrir el martirio, con otros 250, poco antes de su hijo; y su madre, Isabel de Melgar, como veremos, fue llevada cautiva después al castillo de Jubiles, juntamente con otras compañeras. Templadas las almas de los tres en aquel santo temor de Dios y aquel valor intrépido, que es el patrimonio de los grandes héroes del cristianismo, vivían como los demás cristianos viejos, rodeados en la Alpujarra de aquel ambiente mahometano, en que andaban sumidos aquellos mal llamados cristianos. Las muestras de inteligencia y de virtud que debió dar aquel hijo tan querido, que parece era el único, debieron hacer pensar a sus padres en darle una educación más esmerada que la que podía recibir en Mairena; y así resolvieron que estudiara en Ujíjar, en cuya Colegiata, al cuidado de aquellos canónigos, podía empezar su formación espiritual, y tal vez echar también los primeros fundamentos de su vocación al sacerdocio, pues no se podía esperar otra osa del conjunto de prendas que adornaban su alma angelical. No encontramos otro fundamento verosímil de este traslado a Ujíjar de la familia de Gonzalico. De cualquier modo que ello sea, no cabe duda que Gonzalico debió encontrar sus delicias en el templo, y educado al lado de aquellos beneméritos canónigos, que un día habían de dar su sangre por Cristo, y exhortar a los cristianos a dar también la suya, fue fortaleciendo su alma, como el niño Samuel en el templo, para copiar en sí aquel espíritu de apóstoles que animaba aquellos sacerdotes, y de ellos debió aprender a orar delante del Sacramento y, ante la imagen de la Virgen, que después se llamó del Martirio; pues su primera diligencia, cuando vio llevar a su padre al suplicio, en vez de abrazarse a él llorando, o de seguirlo en actitud del más grande de los dolores, fue arrodillarse a pedir a Dios, para el que le dio la vida, la fortaleza necesaria para dar la suya por Jesucristo, que no dudó darla por todos. Sin un trato muy íntimo con Dios y con aquellos sacerdotes que en su nombre le enseñaban las verdades de la fe, e iban tallando en su alma la imagen del futuro héroe, no se explican aquellas superiores ilustraciones y bellísimas cualidades de su alma.

Y el Espíritu Santo la encontró tan a propósito para imprimir en ella sus dones, que ninguno desperdició, principalmente el de ciencia y el de fortaleza. Pasma verdaderamente la altísima idea que tenía de lo que era dar la vida por Jesucristo, de la belleza moral de este acto, que juzgó capaz, por sí solo, de arrebatar de admiración y, de entusiasmo su alma, hasta el punto de que le parecía a él no había en la tierra un espectáculo tan atrayente, tan consolador, tan digno de ser contemplado por los ángeles y por los hombres como el derramar la sangre por Jesucristo; y que se debía convidar a todos, a tal espectáculo, como el más opíparo banquete. La palabra linda, que él empleaba para calificar la muerte causada por el martirio, y que la tradición recogió de su boca, como quien recoge una piedra fina o una perla para trasmitirla a la posteridad, engarzada en la admiración más tierna y sentida, es un dato concluyente de la idea que tenía este niño de la preciosidad del martirio. Por otra parte debió ser pronunciada con un acento tan angelical, que arrebató también de entusiasmo a sus oyentes, los cuales, no solo la conservaron en la memoria a través de los años, sino que su eco conmovió de tal manera los corazones, que arrastró a sus oyentes detrás de sí. Y apenas hay algunos de los que la oyeron al mismo Gonzalico, o a los testigos, que la omitan en sus relaciones de la historia de este niño y su martirio.

No hay mártir en la Alpujarra, entre los millares de que hablan las historias, que llamase, tanto la atención su muerte y las circunstancias que le rodean. Aún en los pueblos más apartados, gran parte de los testigos que prestaron declaraciones juradas de los otros mártires, no solo no omiten hacer mención de paso de Gonzalico, sitio que lo hacen siempre con palabras tan ponderativas que muestran bien a las claras lo que tenemos dicho, y el tierno afecto y lágrimas con que acompañaban sus declaraciones.

Y como era la idea que del martirio tenía Gonzalico, tal era la moción de la voluntad y resolución de padecerlo. Aquella claridad meridiana, con que el Espíritu Santo iluminaba su mente, fue bastante a poner fuego en su corazón.

No echa en olvido lo que Dios pide al héroe para con los suyos y para con los demás; exhorta a su padre a sufrir con fortaleza, consuela a su madre en la gran pena de perderlo, con la gloria de perderlo por amor de Dios; y a ella y a las demás mujeres, que sobrevivieron a los martirios de los varones, las invita a tomar parte en el común consuelo, para él de morir, y para ellas de verlos entregar la vida por Jesucristo. Y después de perder a su padre, solo parece que se preocupa de que se pueda desperdiciar la ocasión de que su madre muera también; y por si llega la llora de que padezcan el martirio las mujeres, señoreado de esta idea, que puede en él más que la dolorosísima de perder a su padre, confiado de que éste no flaquearía en el tormento, se va derecho a su madre con el tono de quien va a pedir un favor. Ahoga en su garganta los sollozos causados por una pena que destroza el alma, y sobreponiéndose con un esfuerzo gigante a la idea de perder a su madre, la dice: «Señora madre, sea v. m. constante en la fe de Jesucristo, y muera por ella, como lo hace mi Señor Padre»; y después se vuelve a exhortar lo mismo a las demás cristianas que estaban en su compañía, presas de la misma pena de su madre, con el fin trágico que habían tenido sus maridos y sus hijos.

Humanamente hablando, hay que convenir que semejantes palabras en boca de un niño de diez años y en tales circunstancias, es una cosa inverosímil. Es necesario acudir a la intervención divina.

Párrafo II

El terror de los verdugos y el valor del Apóstol. El martirio. Fortaleza incontrastable. Una voz del cielo. Diez días de prisión. ¿Lugar de su martirio?

La figura de Gonzalico se agiganta y lleva detrás de sí las miradas no solo de los cristianos, pero aún de los monfíes. La mejor prueba del enardecimiento que entre los cristianos produjeron las palabras del pequeño predicador, de aquel infantil misionero y de aquel mensajero celestial, que parecía hablar en nombre de Dios, fue el efecto que causó en los verdugos.

Las palabras animosas del niño iban sin duda corriendo de boca en boca, produciendo en todos un efecto mágico; parecía que los cristianos viejos se sentían como electrizados, y el ánimo de morir, que no faltaba, debió acrecentarse de tal forma, que debieron empezar los moros a perder las esperanzas, sin motivo concebidas, de hacer apostatar algunos, a juzgar por el empeño que tomaron de pervertir a Gonzalico, concentrando en este punto toda la batería de las promesas y amenazas de su repertorio, con tan ahincado empeño, como si de su prevaricación dependiera la de toda aquella multitud. Parecíales empresa fácil engañar y atemorizar a un niño, y por este medio llegar a la conquista de los demás. Y cierto que para quien ve las cosas con ojos humanos, no carecían de fundamento sus cálculos; pero el niño respondía siempre con la fortaleza de un hombre, según certifica el citado Antolínez: «La sangre reciente que vertió mi padre por la fe de Jesucristo me da voces; esta fe me dejó por herencia; no quiero otros bienes ni riquezas».

Los diez días que, según el testimonio de su madre, del señor Escolano y, Antolínez, había estado el niño preso con los demás, habrían hecho en él mella suficiente para que su ánimo quebrantado no ofreciera resistencia: promesas, halagos, amenazas, engaños, todo cuanto puede discurrir la malicia humana para seducirle, se puso en juego, encontrando siempre la misma resistencia del diamante. Cada vez más avergonzados de verse vencidos de un tierno niño, pensaron de propósito en darle muerte, pero invierte de tal forma, que entre burlas y, denuestos pudieran ellos vengarse de la inocente habilidad con que había burlado sus trazas. Y para sustraerlo de aquel ambiente entusiasta que le rodeaba, y enflaquecer de camino aquel efecto que había causado con sus palabras, después de haber agotado todos los medios pacíficos para lograr que renegase de Jesucristo y confesase a Mahoma, le amenazaron seriamente, si no llamaba a Mahoma, poniéndole al pecho una ballesta armada con una jara. Esta era la ocasión solemne de la confesión de fe del mártir, y así, lleno de entereza varonil, contesta con la misma resolución: «Yo soy cristiano, hijo de cristianos y he de morir por Jesucristo». No dejaremos de decir que durante estos diez días de que ya hicimos mención, ocupaba el tiempo en esforzar a los cristianos cautivos, entre los que se encontraba un niño de su edad, o poco más, llamado Melchorico, sobre cuyo ánimo ejerció gran influencia nuestro héroe, animándolos a todos a sufrir el martirio por Jesucristo.

Consolaba a su madre en su prisión y viudez con razones tan vivas que admiraba, pareciéndola que era otro del que antes estaba estudiando las primeras letras. Dijo un día a su madre con grande ansia: «No sé quién tiene gana de quedar en este mundo viendo las muertes tan lindas que han padecido tantos mártires, y el menosprecio con que esta gente trata los ornamentos y cosas sagradas». Durante estos días tuvo también lugar aquel hecho que nos hizo recordar al niño Samuel en el templo, cuando despertó del sueño y respondió al Señor de manera parecida. «Estando durmiendo una noche, prosigue Antolínez, despertó diciendo: Ya voy, Señor, y habiendo despertado su madre despavorida le preguntó: ¿Qué es eso, niño? Llamaríame mi padre —dijo—, y respondíle que ya iba. Y puede ser que el padre, cuidadoso del bien de su hijo, por pagarle en la misma moneda le diese prisa; y así sucedió que cansados ya estos verdugos, viendo de cuán poco fruto eran sus diligencias, determinaron matarle.

Y viendo el niño que las mujeres lloraban porque los querían llevar a matar, volvió el rostro a ellas diciéndolas: Señoras: ¿por qué lloran vuestras mercedes? Sepan que todos los cristianos que mueren hoy son mártires que padecen por Jesucristo, y van a gozar de Él.

Y volviéndose a su madre con semblante piadoso la dijo: Señora madre, de buena gana voy a morir con estos cristianos; solo me da pena que la dejo sola, porque ciertamente viendo morir unas muertes tan lindas como éstas, no sé quién desea quedar en el mundo. Y diciendo éstas y otras muchas palabras de consolación y piedad, que parecían exceder a su capacidad, llegaron a él otros herejes, y atándole las manos atrás, le sacaron azotándole de la iglesia, y el niño iba diciendo: Señores, sálganme a ver morir por Jesucristo, que voy a gozar de su reino; señora madre, no tenga pena».

Cómo lo perdonaron hasta entonces los moros y no le dieron la muerte, ni a él ni a Melchorico, se explica porque por razón de su edad, en el decreto de persecución de Abenhumeya, estaban exceptuados de la muerte las mujeres y los niños de diez años abajo, aunque no siempre se les respetó. Pero tanto se significó Gonzalico como intrépido confesor de la fe y apóstol decidido de la muerte gloriosa por Cristo entre sus concautivos, que al fin los moros, considerándose provocados y vencidos por un rapazuelo de diez años, que hacía en favor de la fe con su predicación más que varios sacerdotes, no pudieron sufrirlo en paciencia, y determinaron hacer con él lo que habían hecho con su padre, diciendo por boca de aquel moro, citado por Mármol: «Saquémosle fuera y muera como su padre, que tan perro es como él».

Una vez en el campo, se explica fácilmente que los moros, para ejercitar con más libertad y sin testigos la refinada crueldad con que meditaban vengarse del niño, que de tal manera burló su trazas, se fuesen alejando de Ujíjar, y de uno en otro lance, sobre todo si jugaron inhumanamente con él a la ballesta, y, su cuerpo y cabeza sirvieron de cruel diversión, arrojándoselos los unos a los otros, como instrumento de juego, se comprende fácilmente, digo, que o llegasen a Lucainena con él vivo, o quedase en el camino de Ujíjar a dicho pueblo, muy cercano por lo demás a Ujíjar. Si no es que creyeron los verdugos que llegando el niño a Lucainena, cedería a sus amenazas, y flaquearía viéndose solo y lejos de los suyos, y le harían renegar, y viendo su resistencia, allí mismo le mataron.

Que muriera en Lucainena lo confiesa Mármol expresamente; y el Canónigo de la Colegiata de Ujíjar, don Francisco Ortiz de Córdoba, dijo en su declaración jurada: «Haber oído a varios testigos del hecho, y enumera tres o cuatro personas calificadas, que el niño fue llevado de Ujíjar a un lugar llamado Lucainena, y que en un lugar que está sobre el sitio que hay tres cruces, jugaron con él a la pelota, y le cortaron la cabeza, y jugaron a la pelota con ella, luego el cuerpo lo hicieron muchos pedazos»...

Así parece bien claro, y puesto fuera de duda, que a semejanza de Nuestro Señor, este pequeño imitador de su Pasión, tuvo su Pretorio, su calle de Amargura y su Calvario: Ujíjar, de donde salió azotándole los moriscos, fue el Pretorio; y la calle de la Amargura, el camino de Ujíjar a Lucainena, en donde tuvo que sufrir las crueldades de sus verdugos; y el Calvario en este último pueblo, en donde, si no crucificado, fue descuartizado el cuerpo de este pequeño nazareno.

Párrafo III. Sepultura y huesos de Gonzalico. Examen y juicio de los cirujanos. Un recuerdo a su madre

Así acabó en este mundo aquel ángel desterrado, que pasó por él dejando en los que le conocieron la impresión de un ser privilegiado, providencial en aquellos días de tan terrible prueba.

Quiero corroborar todas estas afirmaciones con unas palabras del señor Escolano, ya que su testimonio en esta materia es tan autorizado por una parte y por otra coincide con lo que venimos diciendo. He aquí sus palabras: «Un niño tierno de edad de diez años, tan hombre en la constancia y valor, que sobrepujó a muchos que por sus letras, edad y experiencia le pudieran exceder; un maestro que sirvió de doctor en la predicación a sus mismos padres y a otros extraños; un excelente, e ínclito mártir, cuyo aliento y resistencia venció a la edad y al cuerpo; planta tan admirable y especiosa que aunque dio el fruto junto a la villa de Ujíjar, cerca del lugar de Lucainena, tuvo el nacimiento en el de Mairena, para que tanto bien no quedase en un lugar solo, sino que se comunicase y esparciese a muchos Este es Gonzalico..., cuyo feliz curso en tan pocos años ha servido de tanta admiración a todos, que justamente advirtió un escritor (fray Jaime Bleda) que si la muerte de este niño acaeciera en la primitiva Iglesia, la celebraran los santos doctores con mil encomios, sintiendo se pase en silencio cuando la prueba es tan clara, la calidad de su muerte tan conocida».

Para terminar esta sabrosa historia, diremos que el cuerpo de Gonzalico fue sepultado, como queda dicho, de secreto por algunos cristianos junto al expresado lugar de Lucainena, y después de pasado el tiempo de tanta tribulación, con las noticias que quedaron, un devoto Canónigo de Ujíjar desenterró el cuerpo y le dio sepultura dentro de la iglesia de este mismo lugar, junta a la pila del bautismo, separado de los demás entierros, porque no se pudiese mezclar con otros cuerpos; y en tiempo del arzobispo don Diego de Escolano, un siglo después de su muerte, se sacó el cuerpo, y puesto en una arca de dos llaves, se puso en la pared, al lado del evangelio de dicha iglesia, en un nicho tabicado con yeso y ladrillo, con una cruz encima, «hasta que vista la causa por la Apostólica Sede, dice el señor Escolano, determine otra cosa».

Con este motivo se hizo un reconocimiento detenido de dichos huesos por dos cirujanos y delante de muchos testigos, los cuales certificaron sobre la edad del niño a que pertenecía, y se le apreciaron veintiuna fractura en los huesos, prueba del estado en que quedaría el cuerpo. La calavera fue trasladada a Ujíjar, en tiempo del arzobispo Moscoso, el año 1787, por decreto de visita del 5 de octubre, y se conserva en un nicho, con puerta de cristal, abierto en uno de los muros del camarín de Nuestra Señora del Martirio.

De justicia es dedicar un recuerdo a doña Isabel de Melgar, madre de Gonzalico. Acabados que fueron los martirios, las mujeres que sobrevivieron fueron llevadas cautivas al castillo de Jubiles. Allá fue doña Isabel llevando sobre su alma el peso de la inmensa desgracia que la oprimía con la triple pérdida de Gonzalo su marido, de su hijo y de la libertad y hacienda.

Mártir por cierto es este niño Gonzalico, diremos para concluir, que honra no solo a Mairena, donde se meció su cuna, a Ujíjar, teatro de sus hazañas y a Lucainena, relicario de su cuerpo, sino a toda la región que fue testigo de tanta tragedia, a la diócesis granadina, a la nación entera; ya que no va en zaga a ninguno de los mártires, que con su sangre han ennoblecido a la Iglesia.

El trabajar por ver colocado en los altares a Gonzalico justificaría por sí solo cualquier gasto y proceso de beatificación de los mártires de la Alpujarra. En los tiempos que corremos, en los que se renuevan en nombre del ateísmo como entonces en el de Mahoma aquellos horrores de profanación e incendio, de sacrilegios con los Sacramentos y de furores iconoclastas, esgrimiendo el hacha y la piqueta contra las más veneradas imágenes, y queriendo arrancar la fe del pecho del niño, ningún patrono tan acomodado se podía señalar a la infancia, a la que tantos peligros aguardan, corrió este ejemplo maravilloso.

Razón también para que se gloríe en gran manera la tierra en que le cupo la suerte de gozar de la luz del día. Entre las breñas de sus montes y sus valles, nació y creció esta planta especiosa, según frase de Escolano; esta candidísima azucena, diremos siguiendo la metáfora de este arzobispo, que después de perfumar la Iglesia de Ujíjar y el altar de la Virgen del Martirio, cayó tronchada en Lucainena, embelleciendo la blancura de su cáliz con los hermosos rubíes de su sangre inocente. Esta Virgen, por ser Patrona de esa región incomparable, regada con sangre de tantos mártires, alcance del Señor, en el cielo, que este hijo tan predilecto pueda ser proclamado un día en la tierra como Ángel Tutelar de las Alpujarras.

Párrafo IV. Melchorico, discípulo aprovechado de Gonzalico. Su madre le esconde y él se descubre intrépido. Su muerte gloriosa. Otro niño mártir espontáneo. El niño Pedro predica en Pitres la cruzada del martirio. Misión sobrenatural de algunos niños. Treinta niños que huyen de Berja. Exhortación de uno de ellos a sus compañeros. Son martirizados cerca de Laujar. Arrojados a un aljibe. Prodigios en el lugar de sus huesos

Melchorico fue quizá el discípulo más aprovechado de Gonzalico, el cual como maestro le adoctrinó y enseñó acerca del martirio, no obstante que era Melchorico tres años mayor que Gonzalico; pues contaba trece cuando esta nueva flor fue cortada del jardín de la Iglesia militante para ser trasladada al de la Iglesia triunfante.

Parece que Melchorico era también de Mairena, y puede ser que por idénticos motivos que a Gonzalico, le trajesen a Ujíjar, en donde continuaron su amistad, y sin duda se buscaron en la prueba para animarse mutuamente al martirio. Melchorico, que por razón de su edad debió sufrir también con los varones el martirio, escapó por entonces a la muerte, y en aquellos diez días de prisión que precedieron a la muerte de Gonzalico y siguieron a la de los varones de Ujíjar, debieron estar juntos en la prisión, y Antolínez lo da por seguro, aunque equivocadamente suponga fue esto en Mairena.

Quizá la causa de haberse librado hasta entonces fue el cuidado de ocultarlo que debió tener su madre, Isabel de Rivera, pues cuenta un testigo que se presentaron en su casa buscándole los verdugos y él al sentirlos respondió intrépido desde el fondo de una tinaja, en donde le habían metido, «que él era cristiano y que debía morir por Cristo». No debió morir de esta vez, pero su contestación revela el carácter decidido, santamente impetuoso, y que le retrata de cuerpo entero, y da a conocer como un alma privilegiada por la gracia del Señor; pues con tanta evidencia percibió la hermosura del martirio, que a todas horas da predicar a su amigo Gonzalico, dándole cada vez más bríos para el trance de la muerte. «Mira, Melchor, le decía Gonzalico, según lo trae Escolano, que seas constante en la fe de Jesucristo; no temas ni te amedrenten los tormentos, creyendo no se han de poder sufrir, que Dios nos da la fortaleza para que no desmayemos en las tribulaciones». Con estas y semejantes exhortaciones parecíale a Melchorico que se dilataba mucho la hora del martirio; y llegado el momento, avanzó lleno de una santa osadía y dio con gusto el cuello al verdugo, que separó de un tajo la cabeza del tronco, para reunirse en breve su espíritu en el cielo con el de su compañero y maestro Gonzalico.

Digno compañero de Melchorico fue, sin duda, otro niño, de quien habló un testigo de Berja en su declaración, el cual asegura de otro niño de Ujíjar, a quien su madre quiso poner traje de niña para librarle de la muerte; no menos decidido que Melchorico, rehusó diciendo: «Que lo dejasen a él, que él era hombre, y quería morir por Cristo». Todo parece indicar que su martirio sucedió en estos mismos días, y por lo visto no es aventurado suponer que era otro discípulo aprovechado de la misma escuela.

El canónigo de Ujíjar, licenciado Francisco de Córdoba, declaró, como consta en las Actas de Ujíjar, ante el visitador mandado por el señor Escolano, muchas cosas que había oído a varios testigos de los martirios, y entre otras fue la de que en Pitres hubo un niño llamado Pedro, hijo de Diego de la Hoz, que después de haber muerto su padre y otros muchos cristianos por la fe, y de cuyas muertes fue testigo el niño Pedro, empezó a predicar la fe de Jesucristo; y aunque le dieron muchos castigos, nunca dejó su predicación. De éste y de otro niño dice Mármol lo siguiente: «Hubo entre estos cristianos dos muchachos, que el mayor sería de trece años, y era hijo de Antonio Martín, familiar del Santo Oficio, en quien el Señor puso su mano aquel día, porque no bastaron con ellos ruegos, promesas, ni amenazas para que renegasen. Y queriéndolos sacar a matar con los demás, se llegó el uno llamado Pedro, hijo de Diego de la Hoz, a su madre, y con semblante alegre la dijo: «Señora madre, rogad a Dios por mí». Y como le respondiese llorando: «Hijo mío, tú eres el que has de rogar por todos», la replicó el muchacho: «Por cierto, señora, yo lo haré; y no tengáis pena de mi muerte, que voy muy alegre y contento a morir por Jesucristo». Y con grandísima decisión llegaron entrambos adonde estaban los otros cristianos muertos, e hincadas las rodillas en el suelo, sin temor de aquella muerte breve, fueron a gozar de la vida perdurable, ensangrentando en ellos sus espadas los enemigos de Jesucristo. Basta, sin embargo, lo dicho para convencerse, visto este nuevo ejemplo, tan parecido a Gonzalico, de que estos dos niños y otro que exhortó a los niños de Laujar y algunos más, que no sabemos, por lo menos éstos, a falta de hombres, estuvieron investidos de una misión sobrenatural y encargados de llevar a cabo con los suyos una empresa tan difícil como divina, ser predicadores de la cruzada del martirio. Providencia muy señalada del Señor para alentar los ánimos en circunstancias tan difíciles. Porque acabados los martirios de los hombres, huérfanas y viudas innumerables mujeres, de las cuales algunas todavía serían mártires como sus hijos y maridos, y todas lo eran ya en su corazón, y lo serían más aún con la dura esclavitud que las esperaba en el cautiverio; martirizados los sacerdotes, los hombres y hasta los niños mayores de diez años, fuerza era que alguno desempeñara el papel de espíritu consolador, y Dios echó mano de los niños, en quienes se verificó a la letra aquella palabra del salmo: «Ex ore infantium et lactentium perfecisti laudem»: de la boca de los niños, y de los que aún se alimentan a los pechos de sus madres, hiciste brotar tu alabanza. Por eso creo que no se debió limitar a los tres dichos esta celestial misión, sino que debió haber otros, cuya historia no ha llegado a nosotros, como tantas cosas que se ignoran, y cuya noticia se perdió en aquella gran confusión del alzamiento de los moriscos. Las madres habían sentido caer sobre su corazón una opresión tal de dolor, que en verdad necesitaban de quien levantase aquellos espíritus.

El tercer niño que hemos indicado fue como capitán y abanderado de una preciosa legión de otros niños, todos mártires. Huyendo de los horrores que habían visto en Berja, cuando inmolados tantos cristianos corría la sangre en arroyos por las calles, treinta niños salen de esta villa camino de Laujar. Es muy probable que pasaban de los diez años, y bien sea que temieran ser muertos de igual manera que los otros mayores, bien sea que alguno les aconsejara se pusieran en salvo saliendo de Berja, ello es que muy de propósito emprenden su huida en dirección a la villa de Laujar. Antes de llegar a esta población, salieron algunos moros en su persecución, o los mismos de Laujar al verles llegar salieron a su encuentro con ánimos hostiles; ello es que los niños se persuadieron que había llegado su hora postrera, y uno de ellos muy animoso les dijo: Estos vienen a matarnos, recemos; y empezó a decir las oraciones que los demás iban repitiendo. Llegando pues a un aljibe, y viendo ya inevitable su muerte, uno de ellos, sin duda el mismo que había empezado los rezos, se sube al aljibe y les exhortó y predicó con inspirado acento animándoles a sufrir el martirio, a estar firmes en la fe de Nuestro Señor Jesucristo. Hermoso ejemplo el de este grupo de ángeles, oyendo a otro que les predicaba con la unción de los profetas y de los santos nada menos que se dejasen matar. Y cuando parecía que el mismo cuidado que les había sacado de Berja surtiera ahora su efecto, y que se huyesen de los moriscos buscando en la ligereza de sus pies, por diversas vías del campo, una defensa, cediendo al instinto de conservación tan natural, todos ellos, con la serenidad que habían visto en sus padres sufrir gloriosamente el martirio, se dejaron degollar. Sus cuerpos fueron arrojados al aljibe. Andando el tiempo, de este aljibe salían de noche procesión de luces, que iban a la iglesia, como en su lugar diremos; precesiones que acabaron el mismo día que los huesos fueron sacados del pozo y llevados a la iglesia.

Párrafo V. A las prisioneras de Berja se las arrebatan para el martirio trece niños. Otro predicador improvisado. Doce niños más son sacados de la iglesia de Andarax. Añádense otros cuatro. Todos mártires. Odio morisco insaciable. El niño Hernandico en Canjáyar degollado, cortada la cabeza y quemado. Dos acólitos de Ujíjar torcidas las cabezas y destrozados a golpes sobre las piedras. Dos niños en Murtas desgarrados y estrellados. Varios niños mártires. Muerto a estocadas por llorar a su abuelo. Muchos niños mártires ignorados. Nadie prevaricó

Acabada la matanza de los cristianos en Berja, todas las mujeres, en número de doscientas, fueron llevadas prisioneras a Laujar de Andarax, juntamente con los niños que habían quedado vivos, según ya dijimos en otra parte. Durante este camino, los moriscos, además de haber despeñado por gruesa a Isabel de Castro, entresacaron de la cadena de cautivas a trece niños, de diez a once años, y en presencia de sus madres los hicieron pedazos; según un testigo esto ocurrió en el camino que se junta con el de Laujar y Paterna, junto a una cruz. No hay por qué nos paremos a ponderar la crueldad de los verdugos con los niños y las madres, ya suficientemente abatidas por la desgracia; pero sí es digno de notarse al ánimo de este otro hermoso ramo de flores, de pequeños mártires, con que se embellece la ya no pequeña legión de niños que ofrecen su vida con el heroísmo de los mayores, cuyo valeroso ejemplo como se ve no cayó en campo estéril. Tampoco aquí faltó un predicador y abanderado que animó a sus compañeros de martirio. El clamoreo, lágrimas y alaridos de dolor de las desgraciadas cautivas, no era para poner valor en los pequeños mártires, sino para todo lo contrario. Para contrarrestar este efecto sin duda, Dios proveyó de predicador en la persona de un hijo de un escudero, que se llamaba Aguirre, que tomó la palabra y animó y exhortó con la vehemencia propia de sus pocos años a sus compañeros para morir por Jesucristo. Dícese que los huesos de estos niños fueron llevados a Andarax y depositados en su iglesia.

De esta misma iglesia de Andarax, en donde fueron encerradas las prisioneras de Dalías y Berja, que en número de más de ciento treinta encontró Isabel Salmerón llegada de la sierra de Gádor, fueron, según declara esta testigo, sacados doce muchachitos por los moros para matarlos. Y asimismo poco después fueron sacados otros tres o cuatro, que habían quedado, con pretexto de traer agua, y nunca más volvieron. Buena prueba de que el odio del morisco no se apagaba, sino que olfateaba, como las fieras, nuevas presas en que saciar su rabia persecutoria, y no contentos con haber despojado a estas pobres mujeres de trece niños, durante su viaje hasta Andarax, ahora rebuscan otra vez, y las despojan de otros doce de una acometida, y de otros cuatro en la segunda. Acaso eran los únicos que quedaban para consuelo a las prisioneras, después de la catástrofe que sobre ellas había caído. Hay hechos por cierto en esta rebelión que de una sola pincelada retratan un pueblo, y la de esta manía persecutoria contra los niños, como la de beber la sangre de las víctimas como hizo uno, la de comerse los corazones como lo hicieron varios, son aquellas que denuncian a un pueblo en estado de barbarie, tanto más extraño cuanto que vivía entre gente civilizada.

Por si no bastan a probar esto los hechos precedentes, el siguiente caso habrá completado el cuadro de tan horribles tintas que se extiende ante nuestros ojos. Refiere Antolínez que en Canjáyar, después de haber saqueado las casas y puestos en prisión a los cristianos, tomaron un niño de nueve años, llamado Hernandico, y porque no quiso renegar, como le exigían, lo degollaron, colgaron su cabeza en la carnicería, desollaron el cuerpo, pusiéronle sobre el tajón, y habiendo llenado el pellejo de tascos lo quemaron. Con razón exclama aquí Antolínez: «¡Oh soberbio tirano, león rabioso que tan fieramente te armas contra la inocencia!».

Con este caso corre parejas el de los dos acólitos que ayudaban la Misa a un venerable sacerdote de Ujíjar. Por rabia contra él torcieron la cabeza a los dos muchachos, y antes que acabaran de morir, les dieron grandes golpes contra las piedras, haciéndolos pedazos. Y también el de tres niños chiquitos de Murtas, a quien los verdugos los abrieron, tomándolos por los pies y tirando en dirección opuesta, y, después de desgarrarlos y partirlos, estrellaban contra las paredes. De esta clase de ejemplos ¡cuántos ofrece la rebelión! pero que por desgracia acerca de ellos la historia guarda silencio.

No debemos omitir al sobrino del B. Lorenzo, de siete años, muerto y entregado a los moros; otro sobrino del otro beneficiado, de diez años, que al ir a morir dijo a su madre rezase el rosario por él, e hincadas las rodillas, un moro le atraviesa con una espada. Sobrino también del B. Beltrán, en Fondón, fue muerto otro niño; y no fue solo en esta matanza, pues, juntamente con sus padres, murieron también mártires sus hijos pequeños en muchas ocasiones en diversos lugares, teatros de ambos martirios. La rabia con que perseguían a los sacerdotes, era bastante para que alcanzase a estas inocentes criaturas por el hecho solo de ser sus parientes, servir en la iglesia o por simple arbitrariedad de la crueldad que les era tan familiar; sirva de ejemplo la muerte del niño de catorce años, muerto en Pórtugos de cuatro estocadas por el delito de llorar a su abuelo, asesinado por los moriscos, y a quien amaba mucho, porque había sido para él como dos veces padre, según la expresión de Escolano.

Y aquí terminamos la relación de los niños, porque también se acaba lo que la historia nos ha trasmitido; pero en la íntima convicción de que acerca de estas inocentes criaturas no ha llegado a nuestra noticia ni siquiera la vigésima parte de lo sucedido. Cuando la hoz del segador hace caer en el suelo las erguidas cañas de trigo en el estío, no se ven las más pequeñas que por la parte baja y escondida sufren también el golpe de su terrible filo, y caen a tierra juntamente con las que mostraban su gala en la superficie. Así ha sucedido con las grandes matanzas de varones en la Alpujarra, durante aquellos aciagos días de la rebelión. Murieron los padres y los hijos mayores; ante semejante desgracia, tal vez solo el corazón de la madre paró mientes en que con ellos morían muchos hijos de sus entrañas, pequeños y adolescentes. El decreto de Abenhumeya solo exceptuaba de la muerte las mujeres y los varones de diez años abajo. Ahora bien, de diez años arriba, hasta llegar al hombre ya formado, ¿cuántos no morirían? Bien se deja de ver, por poco que se sepa de estadísticas, que el número de niños muertos, aun sin contar con que este decreto en muchos casos no lo respetó Aben Farax y sus monfíes, y murieron a manos de los verdugos muchas mujeres y niños menores de diez años, bien se deja de ver, repito, que había de ser mayor el número de las víctimas inocentes que acrecentaron la legión gloriosa de los mártires.

Casi todos ellos han quedado en el silencio, solo se sabe de ellos el mejor panegírico, que de los mismos como de los demás se pudo predicar: que ni uno solo prevaricó, ni renegó de la fe de sus padres. Es un hecho éste que ningún historiador, de los varios que de estos sucesos escribieron, ha dejado de consignar con toda la satisfacción y santo orgullo que de esta gloria cabe a los españoles, y muy especialmente a la tierra feliz teatro de tanto heroísmo. Ante esa legión de millares de niños y adolescentes hay que descubrirse con la admiración y el respeto de los hechos sobrenaturales, mejor diríamos, de la omnipotencia y misericordia del Señor, que pasa por la tierra haciendo gentil alarde de inmenso poderío. Compañeros dignos de otros niños santos que en todo tiempo crecieron en el regazo de la Iglesia, y de aquellos santos Inocentes, que no hablando, sino muriendo, según el lenguaje de la misma, confesaron a Cristo; se les puede aplicar a ellos lo que la Iglesia canta en el oficio de estos santos Inocentes, sobre todo a aquellos que murieron antes del uso de la razón.

En verdad son flores de mártires, que aún en capullo el huracán furioso de la rebelión arrancó cruelmente del jardín de la Iglesia y de los brazos de sus madres.

Salvete flores martyrum
Quos lucis ipso in limine
Christi insecutor sustulit
Ceu turbo nascentes rosas.

Capítulo VIII. Las moriscas mártires

Párrafo único. Almas privilegiadas. Madres de sacerdotes mártires. Brava condición puesta al servicio de Dios. La madre del B. de Pitres. Amor de madre. Fe más fuerte que el amor. Exhortación al martirio. Muerte tan lenta como cruel. Morisca vieja de Dalías. Intrepidez con los profanadores del templo. Córtanle la cabeza. Catalina de Arroyo, madre del B. Ocaña. Anímale a morir mártir. Es entregada Catalina a la furia de las moriscas. Inés de Escabias. Gran empeño en pervertirla. Se muestra incorruptible. Muere encomendándose a la Virgen. Confusión y vergüenza de los suyos

No todo había de ser prevaricaciones y apostasías en la morisma. Escasas en número, es verdad, pero grandes en su decisión entre las mujeres moriscas, algunas que murieron por la fe con muerte tan gloriosa como la que más lo sea entre las cristianas viejas. Almas privilegiadas cooperaron eficazmente a la obra de la gracia en ellas para no contaminarse con la corrupción general, y conservar su corazón puro de las supersticiones y prácticas musulmanas, y de la sensualidad y lujuria del mahometano. Ciertamente que algunas aprovecharon bien las enseñanzas de la Iglesia y atesoraron entusiasmo religioso suficiente para comunicar a otros el fuego de su fe; porque entre estas pocas moriscas, se cuentan dos que destinaron cada una un hijo al servicio de Dios en el sacerdocio, los cuales, como sus madres, sufrieron también la muerte por Cristo, juntamente con todos sus compañeros, los sacerdotes mártires.

En todas las moriscas que sufrieron por la fe, se destacan entre los horrores del martirio unas almas tan bien templadas, unas energías tan varoniles y un fervor tan grande, que parece se las ve con el rostro iluminado con luz sobrenatural, y que se oye el acento de su voz, animado de tal viveza y convicción, que bien se deja ver eran criaturas privilegiadas, y que pusieron al servicio de Dios toda aquella braveza selvática, que caracteriza a la morisca alpujarreña, y se ve más de relieve en las crueldades que ejercitaron con los mártires sus fieras compañeras.

En Pitres hay un ejemplo de fortaleza invicta en la madre del beneficiado Jerónimo de Mesa, que termina con glorioso martirio. Arrojaban los verdugos al beneficiado desde lo más alto de la torre una y otra vez, y hasta tres veces. El espectáculo era por demás terrible para una madre, obligada a presenciar el tormento. Era de suyo más a propósito para lamentarse, llorar, desmayarse y entregarse a todos esos extremos de dolor a que se entregan las madres en la pérdida de sus hijos; si en alguno es superior la pena del daño ajeno al daño propio es, sin duda, en las madres, que sacando de su corazón ese tesoro inagotable de amor, que Dios ha puesto en ellas, para aquellos que criaron en su seno, no se cuidan de perder la vida, si es necesario, para salvar la del hijo. La madre del beneficiado Jerónimo se mostró digna de ser admirada por todas las generaciones vio a su hijo colgado en la torre de una garrucha en manos de sus enemigos, le vio caer de lo más alto con peligro evidente en cada caída de perder la vida, materialmente reventado del golpe. Debió acordarse de que ella había sido la primera que sembró en su corazón la semilla de la fe y de la fortaleza, que ahora se ponía en durísima prueba. Y la idea de Dios; el pensamiento de que su hijo era sacerdote, de que se trataba de su suerte eterna, sobrepúsose a todo, y como si no oyese los golpes de la caída, ni viese los brazos y piernas rotas, desfigurado el rostro que reventaba sangre por boca y narices, desalada y ahogando en su pecho aquella pena que parecía iba a hacerle estallar de dolor, se acerca al hijo de sus entrañas, y, besándole muchas veces en el rostro, le anima, y según Mármol le dice: «Hijo mío, esforzad en Dios y en su bendita Madre, que son los que han de favorecer nuestra alma, que los tormentos presto pasan»; según Escolano añade: «Hijo, acuérdate de las pláticas y exhortaciones que nos hacías estando todos presos; mira que te ha puesto Dios en la estacada, para que corras prósperamente en la confesión de la fe, dándonos a todos ejemplo». Ni una palabra de compasión. Cuantas veces caía en tierra con vida se repiten las exhortaciones y las mismas manifestaciones de una fortaleza heroica, sobrehumana. No acabó aquí la prueba; entregado casi exánime a las moriscas para que le burlasen y acabasen de matar, emplearon en su cuerpo todos los instrumentos de que aquellas harpías usaban: las agujas, los punzones, los cuchillos pequeños, fueron las armas con que acabaron de destrozarle: todo lo presencia la madre sin amilanarse, no obstante que estaba viendo, sin duda, en las crueldades de las moras la suerte que a ella la esperaba. Así fue en efecto; aquellas moriscas que habían cambiado, sin duda, el corazón de mujeres y de madres por el de hienas, después de haber saciado su rabia en su cadáver, sometieron a tan benemérita cristiana a sufrir la suerte que había sufrido el cuerpo exánime de su hijo. Con las mismas armas la dieron una muerte tanto más dura cuanto más lenta y cruel. Lástima que la tradición no haya conservado el nombre de esta ilustre mártir.

Esta misma decisión y valor mostró aquella morisca y vieja que, en Dalías, contemplando los excesos que los moriscos hacían en la iglesia, se encara con uno de ellos, que daba de estocadas a un crucifijo, y le reprende con aspereza, diciéndole: «Perro: ¿a mi Dios y Señor? Yo quiero morir por mi Dios que me redimió con su sangre». Y no menor energía demostró arrebatando con valor, y con un esfuerzo más que de mujer, un misal de manos de los profanadores que lo destrozaban. Dicho se está que estas demostraciones de su corazón profundamente cristiano, le acarrearon la muerte, y un moro le cortó la cabeza, sobreponiéndose en él el odio al cristiano al amor a las de su nación; testimonio insigne del espíritu que presidía en este alzamiento, como muchas veces hemos hecho notar, y de que esta rebelión era una persecución declarada a todo lo cristiano.

Cuando hablamos del martirio del beneficiado Pedro Ocaña hicimos mención del largo razonamiento que su madre, la morisca Catalina de Arroyo, le tuvo para persuadirle no flaqueara en el martirio, y entregase la vida como convenía a un sacerdote, que tenía obligación de darla por la Iglesia. Nótase en este razonamiento el espíritu sereno, previsor y valiente de esta morisca que, cual la madre del beneficiado Jerónimo de Mesa, ahoga los más fuertes sentimientos de madre: para acordarse solo de lo que Dios le pedía en semejante lance, y dárselo con la generosidad de su alma heroica, que conserva siempre inalterable la paz, y con perfecto dominio de sí misma, tanto más digno de admirarnos, cuanto más difíciles eran las circunstancias. No pierde de vista ninguno de los extremos, que en tal caso convenía tener presente, para exponerlo ante los ojos de aquel hijo, el cual, si honró a su madre con el martirio, no le honró menos ella con sus consejos primero y con su muerte después. Por eso no tuvo límites la ira de los enemigos, y la entregaron a la furia de las moriscas, que se mostraron en esta ocasión como en tantas otras. Mármol dice iba rezando el Anima Christi y que murió invocando el nombre de Jesús. Escolano, entre otras cosas, dice que las moriscas la arrancaban los cabellos, la decían muchas injurias, y daban grandes golpes; y Antolínez compendia su martirio en el siguiente párrafo: «Apenas habían quitado la vida a este santo sacerdote cuando entregaron su madre a las moriscas para que les sirviese de fiesta y regocijo, las cuales olvidadas de su natural inclinación, y del respeto que a las mujeres se debe, comenzaron a maltratarla haciendo burla y escarnio de ella. Pedía en esta turbación, y gritaba a nuestro Señor misericordia y llamaba en su ayuda a la gloriosa Virgen, amparo de los afligidos; pero estas santas diligencias causaban en las moriscas mayor indignación y enojo, y como gente que no sabe tener medio en lo que emprende, la acometieron de tropel, mesándola y dándola muchos golpes y no viendo la hora de hartarse de su sangre, quitaron las armas a los moros, y con ellas la hicieron pedazos».

No fue menos notable el martirio de Inés de Escabia o Cepeda, morisca de nación. Era de las naturales del reino, y a lo que se puede entender, fue mujer de uno de los tres Cepedas que martirizaron en el pueblo de Pórtugos. Prendiéronla los moriscos, no pudiendo sufrir que mujer de su nación fuese cristiana, y así la persuadieron sus parientes que siguiese la secta de Mahoma, en que habían vivido sus antepasados, y acompañaban estos consejos con grandes promesas, unas veces, y otras con no menos grandes amenazas. Y tantas debieron ser las porfías, que al fin como enfadada de tantas diligencias, promesas, ruegos y amenazas; plantea su decisión inquebrantable de morir en la fe cristiana con estas palabras: «No me fatiguéis ni me canséis, porque no deseo otra cosa que morir por la fe de Jesucristo, verdadero Dios y Hombre». Desesperados con estas palabras los moriscos, se dejaron llevar de la rabia que les causó su determinación de no abandonar la fe, y a cuchilladas le partieron la cabeza. Mármol dice que la degollaron, y que dio su alma a su Criador encomendándose muchas veces a la gloriosa Virgen María. Y aprovecha Mármol esta ocasión para decir que los enemigos descreídos no podían llevar en paciencia que los cristianos cuando se veían en el punto de la muerte se encomendasen a Dios y a su bendita Madre. «Perros, solían decir, Dios no tiene madre».

Debió ser esta buena morisca, mujer de mucho prestigio entre los suyos, y tal vez de buena posición social, a juzgar por el empeño que parientes y no parientes pusieron en persuadirla y en reputar como baldón de su raza el que aquella mujer muriese cristiana; empeño que no se ve tanto en la muerte de las otras moriscas. Hasta el punto de que es digno de notarse lo que observan tanto Antolínez como Escolano: que la muerte de Inés Escabias causó gran confusión y vergüenza y no pequeña tristeza entre los moriscos, reconociendo que ellos habían apostatado de la fe católica que en el bautismo prometieron guardar, mientras que una pobre mujer, de sexo más frágil, y de su misma nación, había tenido valor y constancia para recibir la muerte.

En pocas ocasiones se puede observar como en ésta el poder de la divina gracia; que unos hombres y mujeres que habían mamado el odio al cristianismo con el odio de raza inseparable de él, llenos de las preocupaciones del Corán, acostumbrados a sus supersticiones, encariñados con sus prácticas religiosas, influidos poderosamente de los malos ejemplos de los suyos y teniendo que luchar a brazo partido con la bárbara intransigencia del agareno, es punto menos que imposible a otra fuerza que no sea la de la gracia, vencer todas esas resistencias, abrirse paso en almas llenas de malezas tan impenetrables y hacerlas caer rendidas y subyugadas por el poder triunfante de una inspiración divina.

Capítulo IX. La Virgen del Martirio

Párrafo I. Origen de esta advocación. La Virgen de las Angustias y la del Martirio, hechos providenciales. Historia del Martirio milagroso. Arrojada a un pozo. Hallazgo después de muchos años. Discrepancias en este hecho

¡La Virgen del Martirio! A primera vista parece una novedad en la Iglesia, y así es; es novedad, pero gloriosa. Tenemos en la parroquia de Ujíjar una Virgen con la advocación del Martirio, y muchas señoras de esta población y aun de otros pueblos alpujarreños se honran con el nombre de Martirio, teniendo por patrona a la Virgen Santísima. La explicación es muy sencilla, y el hecho a que esto ha dado lugar es por una parte doloroso y por otra consolador: doloroso porque a una imagen de la Virgen trataron los moriscos, como a tantas otras, cual si fueran personas, y procuraron darle martirio, como si la imagen fuera de carne y hueso. Es consolador por otra parte este hecho, porque parece el caso providencial y encaminado a dar alientos en su martirio a los cristianos.

Uno de los puntos de vista y fines providenciales para los que reputó venir a Granada la Virgen de las Angustias, con sus lágrimas y señales de dolor intenso en su rostro, y precisamente no muchos años antes de la rebelión, es para consolar en su dolor y lágrimas, que parece derramar por aquellos cristianos, a los que hubieron de ofrecer su vida por Cristo.

No cabe duda que al contemplar Nuestra Señora a tantos cristianos que morían con el nombre de Jesús y de María en la boca, sentía vivamente el dolor y muerte de sus hijos tan queridos, y los proveyó de una imagen que llorara con ellos, en la Virgen de las Angustias, que desde Granada patrocinó la guerra de pacificación de los moriscos, tomando bajo su amparo al caudillo de ella don Juan de Austria, que se inscribió en la Hermandad antes de salir a la Alpujarra. Así también para consuelo de los mismos cristianos, después de permitir que muchas imágenes suyas fueran profanadas, quiso en una de ellas, la principal acaso, y ciertamente lo fue en los suplicios que sufrió en su martirio, hacer ostentación de su poder, a fin de que vieran los cristianos que como protegió esta imagen, los protegía a ellos, dándoles aquel valor y constancia que les hacía invencibles en los tormentos.

No dejan de ser hechos providenciales que en la capital de provincia aparezca una imagen que patrocine a los mártires, protegiendo al caudillo del ejército pacificador, y dándole la victoria, y que en lo que pudiéramos llamar capital de la región de los martirios, haya otra imagen que sufre, valga la frase, el martirio. En cualquier parte podía Nuestra Señora hacer los prodigios que hizo en Ujíjar con su imagen, ya que fueron tantas las profanadas por aquella ola de persecución, que llegó bramando odio satánico hasta los más recónditos santuarios de la Alpujarra; pero por lo mismo que en Ujíjar, por ser como el centro de la vida oficial, y reunirse en la iglesia, con la colegiata, tanto clero, fue objeto preferente de los odios de los moriscos, especialmente los monfíes, y aquí se verificó aquella matanza sangrienta, que acaso no se le iguale otra si no es la de Berja, fue conveniente también mostrase Nuestra Señora, con este prodigio, que le dolían a ella los tormentos de sus hijos como si fueran propios.

Una imagen de Nuestra Señora que unos dicen era de la Concepción y otros con más probabilidad por tener el Niño Jesús, del Rosario, atraía siempre en Ujíjar las miradas de muchos devotos, que se encomendaban a ella en sus necesidades. Derribada al suelo, con otras muchas cosas, fue a parar al montón informe adonde los enemigos habían ido acumulando los confesionarios, retablo e imágenes de la iglesia, para formar, como formaron, una hoguera. Pero la imagen de la Virgen, cual si estuviera revestida de amianto, resultó incombustible. Debió maravillar no poco este prodigio a los musulmanes, pero no les abrió los ojos. Al contrario, determinaron usar otro procedimiento igualmente terrible: átanla a la cola de un mulo y le hacen andar por las calles arrastrando la imagen, que daba golpes en las piedras, y de no intervenir el poder divino, pronto hubiera quedado enteramente destrozada, como un tronco informe, útil solo para el fuego. Resultó tan inútil esta profanación como la anterior, y entonces la ponen de puente sobre una acequia. Dicho se está que, dispuestos como estaban a acabar con la imagen, pasarían y repasarían sobre ella, procurando hacer todo el esfuerzo posible con sus terribles pies para desfigurarla, y no dejarían de pisar su virginal rostro con ánimo de destrozarle.

A vuelta de todo esto la habían acuchillado ya en la misma iglesia, con lo que, de no ser invulnerable, fuerza era también que hubieran saltado ya muchas astillas; y si esto era en el rostro, que, sin duda alguna, como lugar más sagrado, sería lo preferido para la profanación, no se podía evitar que éste quedara maltrecho por diversas partes, y aun desapareciera toda la figura, dado lo poco que es necesario para que la cara de una imagen sea deformada y aun desaparezca todo rastro de las facciones, ya que es esto cosa tan delicada. El término final de esta persecución quedó en que ésta fue arrojada a un pozo, inmediato a la acequia, en donde había sido puesta como puente. No se sabe a punto fijo si esto lo hizo un moro, como desesperado de conseguir su destrucción, o si fue un cristiano, que se valió de este medio para sustraer la bendita imagen del furor agareno, cada vez más desbocado con la dificultad de poder acabar con ella. Ambas versiones tienen sus partidarios.

En este pozo estuvo la imagen veintisiete años, según la versión más autorizada, aunque no falta quien diga que treinta, y si es maravilla que la imagen quedase libre de tantos medios como excogitó la rabia del musulmán, no lo es menor el que con tantos años sumergida en el pozo, la acción del tiempo y la del agua la respetasen, cuando hubieran bastado muchos menos años para inutilizar no solo la imagen, pero aun la madera de que estaba construida.

En cuanto al modo cómo se vino a descubrir la imagen, otra vez hay también dos versiones, y las dos autorizadas; pues fue una la declaración del capitán don Tomás Salcedo y Quijada y la otra la del canónigo de la colegiata, licenciado don Francisco Ortiz de Córdoba. Ambos con juramento depusieron ante el doctor don Juan Leiva, Provisor del arzobispado y enviado como hemos indicado otras veces por el arzobispo Escolano para recoger informaciones acerca de los mártires, las noticias que habían oído a personas que se hallaron en la rebelión o habían tratado con ellas. Pues bien, acerca de la Virgen don Tomás Salcedo dijo que habiendo disminuido con el tiempo el agua del pozo, que antes había sido tan abundante que se tocaba con la mano, entró un peón a limpiar el pozo y encontró la imagen. Mientras que el canónigo Ortiz de Córdoba dice haber oído que uno que vivía en la casa soñó que en el pozo había un tesoro, y descubriendo, halló dicha imagen. Lo más singular del caso fue que las siete personas, muy calificadas por cierto, que aduce como testigos de su afirmación el canónigo y las seis que aduce el capitán, fuera de dos, son las mismas. ¿Cómo, pues, esta diferencia en la tradición? A mi modo de ver pudo ocurrir una de dos cosas: o que alguno de los dos testigos, doña Elvira de Valderas y Martín Lorenzo Beltrán, con quienes trató el canónigo y no alegó el capitán, añadió lo del sueño del tesoro, o que el capitán omitió esta circunstancia y da solamente cuenta del hecho de haber penetrado un hombre en el pozo, con otro intento bien distinto de buscar la imagen venerada, y se encontró con ella; cosa en que, no solamente los dos autorizados testigos, sino todos los que, más o menos incidentalmente, hablan de la imagen, convienen. Podemos, pues, sentar como hecho fuera de duda que la Virgen fue arrojada al pozo, que allí permaneció un tiempo que oscila entre veintisiete o treinta años, y que del pozo fue sacada al cabo de esos años para ser restituida a su primitiva iglesia, adonde vuelve ya con otro nombre, el de la Virgen del Martirio, muy justificado por cierto, como acabamos de ver por la historia de la persecución, profanaciones y sacrilegios que los musulmanes hicieron con ella. No importa mucho para el caso si precedió el sueño del tesoro o si fue más casual aún el feliz hallazgo de la imagen: que una tradición sea más circunstanciada que otra, no implica contradicción alguna, quedando a salvo, como queda en todas las relaciones, las dos cosas más sustanciales: la permanencia en el pozo por espacio de muchos años y la vuelta gloriosa después de su cautiverio al templo. No permitió por cierto Ella que fuese tan largo el cautiverio de sus amadas hijas, las cristianas viejas de la Alpujarra. Pero de todos modos, así como con su martirio quiso consolar a los mártires, con su cautiverio en el pozo no consoló menos a las que en diversos lugares padecieron los sufrimientos inherentes a las duras prisiones a que las sometieron los moriscos.

Párrafo II. Crece la devoción. Disposiciones del Ayuntamiento. Voto de celebrar la fiesta con solemnidad todos los años. El Clero de acuerdo con el Municipio. Personas que asisten al cabildo. Gran incremento que adquiere la fiesta con el tiempo. Abogada en las desgracias de fuego y agua. Misterios y realidades encerrados en su nombre. Esperanza de la beatificación de los mártires

Dicho se está cómo crecería la devoción de los cristianos de Ujíjar con el descubrimiento de la imagen, cuya memoria no se había perdido, a pesar del largo cautiverio en el fondo del pozo. Como la Virgen por su parte derramó a manos llenas las gracias sobre sus devotos, y fueron muchos los milagros que hizo según se refiere en la sesión que el Ayuntamiento celebró, el 15 de septiembre de 1606, se creyó esta corporación, en calidad de representante del pueblo, en la obligación de tomar algunos acuerdos en orden a honrar a la que dicen los mismos del Concejo que los fieles tienen por Patrona.

En su virtud hicieron voto de celebrar todos los años la fiesta de Nuestra Señora del Martirio el primer lunes de octubre, procurando darle la mayor solemnidad ya desde la víspera, y señalaron personas del Concejo que se encargase de organizar estos festejos, principalmente del día señalado, primer lunes de octubre, en que, además de la Misa Mayor, habría procesión. Se encarga que tanto en la iglesia como en las casas particulares se pongan luminarias. Y finalmente, con el fin de facilitar la venida de los fieles de muchos pueblos vecinos, por espacio de ocho días, a contar desde la víspera de la fiesta, se les permita a todos traer toda clase de mercancías de cualquier suerte y condición, sin pagar alcabala ni derecho alguno, «mientras esta tierra, dicen ellos, estuviese encabezada, porque no estando, las alcabalas pertenecen al rey, a quien se le rogará para que confirme esta determinación; y así se puede pregonar esta feria en todas estas Alpujarras, y en las ciudades de Guadix, Almería, marquesado del Zenete y villa de Motril».

Así mismo acordaron se abra información sobre los milagros hechos por la Virgen y tanto de los pasados, como de los que en adelante ocurriesen, se lleve un registro en el archivo de la villa y otro en el de la iglesia. El abad de la Colegiata en nombre de los demás canónigos. Y el beneficiado de Mairena, Comisario del santo oficio de la Inquisición, en nombre de todos los demás beneficiados de las Alpujarras, fueron llamados a este cabildo, los cuales hicieron suyos todos los acuerdos del Ayuntamiento, y por su parte prometieron prestarse a cumplir cuanto a ellos correspondía en esta parte, sin interés alguno. Asistieron además a esta sesión, y tomaron también sobre sí y sobre sus descendientes el voto hecho, muchas personas principales de la villa, entre otros Alonso de Frías, abogado de la Real Capilla de Granada; Luis de Córdoba, Receptor de las rentas reales; Miguel de Quiñones, escribano de su majestad; un procurador y un escribano en nombre respectivamente de los demás procuradores y escribanos. Y para que aquel año, por ser la primera vez, se hiciese además algo extraordinario, una fiesta de toros, una danza y otras cosas que dejaron al arbitrio de los comisionados de fiestas, los cuales quedaron autorizados para hacer los gastos necesarios.

Esta fiesta con el tiempo fue tomando tal incremento, que por los años 1669 concurrían unas veinte mil personas; y el mayor de los milagros que refieren los testigos era el no ocurrir desgracia alguna con tan enorme concurrencia; al contrario, en una ocasión, en que se celebraba la acostumbrada procesión, se refiere de un hidalgo, Pedro Muñoz de Cazorla, que concurrió a la fiesta, y oprimido por la gente fue retirándose andando hacia atrás y vino a caer en un pozo abierto en el portal de una casa que tenía nueve estados de hondo, y al caer se encomendó a la Virgen del Martirio, llegando hasta el fondo del pozo sano y bueno con su espada y daga en la cinta, sin haberse hecho nada. Otro año, en la fiesta también, ocurrió el hundimiento de un mesón y cogió debajo más de cien personas, sin que peligrase de muerte alguno: solo hubo uno que salió con la pierna rota.

Muy en particular ha sido invocado el auxilio e intercesión de la Virgen del Martirio en los peligros y desgracias ocasionadas por el fuego y el agua. La causa queda suficientemente indicada con recordar lo que la imagen tuvo que padecer, digámoslo así, de estos elementos. Como a las súplicas en tales lances sucedieron las gracias de parte de la Virgen, en ellas se ha señalado muy principalmente la devoción del pueblo.

El nombre de la Virgen del Martirio, como el de Jesús y el de María, encierra en sí muchos recuerdos, misterios y realidades, sobre todo para el alpujarreño, muy principalmente para el de Ujíjar, que no ha olvidado todavía la historia que se escribió con sangre de sus antepasados en las plazas, en las iglesias y, hasta en las peñas de los barrancos. Al contemplar el rostro de la Virgen no se puede olvidar que sobre su rostro pisaron los mismos horrendos pies que trituraron los cuerpos ya mutilados, se llenaron de sangre cristiana en aquella misma plaza y en aquellas mismas calles que Ella pasea ahora en triunfo; en su talla ejercitaron su crueldad sacrílega las mismas espadas y cimitarras que acuchillaron a sus abuelos.

Aquella cabeza de la Virgen objeto de tantas adoraciones, aureolada con tanta gloria, perfumada con el aroma de tantas adoraciones, en la que fijaron sus ojos devotos y amorosos millares de generaciones que pasaron ante ella envolviéndola, cual nube de incienso, en los entusiastas vivas de la multitud, un día se vio envuelta en las llamas y el humo que en esa misma iglesia consumieron las imágenes y cosas sagradas.

De los pies de esa imagen, que por tantos años estuvo condenada, como esclava en ergástulo romano, en el fondo de un pozo, han brotado arroyos cristalinos de innumerables gracias que han saciado la sed de bienes espirituales de millares de devotos. La enfermedad, la tribulación, la pobreza, ahí encontraron su remedio o cristiana conformidad. Luz en la oscuridad, paz en la inquietud, mansa brisa en los ardores de la concupiscencia y rocío del cielo, en el fuego de las pasiones, fue siempre para sus devotos Nuestra Señora del Martirio. Y si hubiéramos de detenernos a probar todas estas afirmaciones, la historia de sus milagros ofrecería anchuroso campo a ello.

Para que las suertes sean, pues, iguales, una cosa resta: ya que su imagen ha sido tan glorificada en la tierra, después de haber sido tan vilipendiada, ya que las generaciones que sucedieron a los mártires han podido contemplar a la Virgen del Martirio otra vez en su iglesia, venerada de los fieles, que a su lado figuren también las imágenes de los mártires y los cuadros de tan sangrienta tragedia. Dichoso día aquel en que la tierra alpujarreña, juntamente con la Virgen del Martirio, pueda aclamar en sus procesiones a los alpujarreños que con su nombre en la boca padecieron la muerte por Jesucristo.

Y esta es la gracia que humildemente pedimos a la Virgen del Martirio, Patrona de la Alpujarra; que no permita permanezcan por más tiempo ignorados y encubiertos en la emidad del olvido aquellos devotos suyos, que tan bien merecido tienen figurar ya en el catálogo de los santos mártires, de los que la Iglesia reza en sus festividades. Y esperamos que, como Ella no hace las cosas incompletas, dispondrá los acontecimientos de modo que se cumpla el tan justificado deseo de los mismos mártires, cuando, en representación de todos, lo suplicaron aquellos sacerdotes que se aparecieron al arzobispo don Pedro de Castro. Si esta gracia nos concede la Virgen, el humilde autor de este libro encontraría sobradamente recompensado su trabajo, emprendido exclusivamente con el fin de facilitar con estas noticias su beatificación. Ella haga que así sea para gloria de Dios, consuelo de la Iglesia, honra de la Alpujarra y glorificación de aquellos que por tantas razones tienen merecido el que el papa confirme el título que así sus contemporáneos como las siguientes generaciones, les dieron, apellidándose verdaderos mártires de la fe.

Capítulo X. Los prodigios

Párrafo I. Prodigios y milagros. La intervención sobrenatural. Revelación a san Alonso Rodríguez en Segovia. Dos bestias formidables profanando el templo. Significación de la visión. Consoladora visión a los de Berja. Visión de don Pedro de Castro. Aparecen gloriosos los sacerdotes martirizados en esta rebelión. Quejas de éstos al prelado granadino. El prelado abre información sobre los martirios

Llamo prodigios, y no milagros a los hechos que en este capítulo he de referir, primero porque la palabra prodigio tiene su sentido más amplio, y bajo esta denominación caben algunos que no son milagros; y en segundo lugar, para evitar discusiones sobre si éste o el otro hecho puede calificarse de milagro. Allá van como los encuentro; el lector vea de darles el calificativo que a su juicio merezcan. Desde luego sí hay que afirmar que en tales hechos interviene una fuerza sobrenatural, que los pone fuera de la esfera de los fenómenos y de los prodigios puramente naturales, y que no exceden las fuerzas de la naturaleza. Con todo ello solo pretendemos poner de relieve la intervención divina en los martirios de la Alpujarra, para mostrar a los que tales hechos lleguen a conocer que todo ello fue obra de Dios, que así quiso honrar la sangre de los mártires.

Y no estará mal, antes de pasar adelante, referir una visión que tuvo san Alonso Rodríguez, poco tiempo antes de entrar en la Compañía de Jesús, en la ciudad de Segovia, en los mismos días que estalló la rebelión en las Alpujarras, por la que da a conocer, descrita por la mano de Dios, la naturaleza de la rebelión. He aquí cómo lo refiere en su vida el padre Jaime Nonell: «Oraba con crecido afecto un día del año 1568, encomendando a Dios las necesidades de la universal Iglesia, y en particular las de España; y después de su oración se fue a descansar, fijó su pensamiento en la materia que acababa de tratar en la oración. Estando ya durmiendo, muy entrada la noche, mostróle Dios en sueños numerosas cuadrillas de hombres armados, que discurriendo por el reino de Granada, cuyas ciudades había en otro tiempo recorrido Alonso, andaban con grandes disensiones y revueltas, y, unos con otros como que se mataban, o andaban buscándose para matarse. Fue luego llevado en espíritu a un templo anchuroso y capaz, y entrando en él, vio dos grandes bestias de extraña corpulencia, que estaban con las cabezas encima del altar, como cuando están comiendo en el pesebre, como que el altar les servía de pesebre. Lastimóle sobremanera tan triste espectáculo, mayormente cuando alzando los ojos y fijándolos en el retablo del altar, vio en él una imagen de Nuestra Señora la Virgen María, de bulto grande, de extraña hermosura y devoción, y comenzó a llorar amargamente la desolación de la casa de Dios, el agravio hecho a su Señora y amada Madre, y la destrucción de aquel reino, y, tomó a su cargo aplacar la ira del Señor con oraciones continuas y ásperas penitencias».

Aunque al principio no entendió san Alonso la visión, se lo explicó todo perfectamente cuando llegó a sus oídos le rebelión de los moriscos.

Por lo demás, al leer esta visión, el pensamiento se va luego a muchas partes, pero muy especialmente al templo de Ujíjar y a los excesos cometidos con la imagen de la Virgen del Martirio; como la presencia de estas fieras sobre el altar, trae a la memoria el hecho bárbaro de los moriscos de Abla, quienes, después de haber quebrado altares y retablos, degollaron sobre el altar mayor un puerco, haciendo execrables sacrilegios en irrisión de nuestra santa fe.

Por si a alguien puede caber duda del carácter de esta rebelión, en la visión de san Alonso pone Dios bien claro ante los ojos de los creyentes, con el símbolo de estas grandes bestias, que toman la iglesia como establo, y el altar como pesebre, la calidad del levantamiento: una guerra religiosa y persecución de la fe llevada a tal extremo en las crueldades y sacrilegios, que hay que ponerla fuera de lo humano y de lo que entre hombres se estila, para rebajarla al nivel de las bestias y de las fieras. La rebelión de los moriscos fue la gran fiera, la bestia de proporciones colosales, que devoró sin piedad y, destruyó en un arrebato de furor entre sus dientes y sus uñas millares de cristianos, y centenares de templos con tan desatentada rabia como si en ella hubiese encarnado el mismo Lucifer y se le hubiese dado licencia para destruir hasta los últimos restos de la excelente cristiandad que moraba en la Alpujarra, entre los moriscos, como entre los paganos los cristianos de los primeros siglos de la Iglesia.

Por eso, sin duda, quiso el Señor confortarlos con otra visión muy consoladora en Berja, que sirvió para alentar a los que allí habían de dar la vida; y no solo a ellos, sino a todos a quienes llegó su noticia, como fueron principalmente aquellos que sobrevivieron a la matanza y pudieron sobrellevar tan grandes penas con la esperanza de la gloria que habían alcanzado, pasando en un momento de este destierro de tinieblas a la luz increada de la gloria.

Pues fue así que estando presos los cristianos en la iglesia de Berja, y en la torre de Villalobos de la misma población, en vísperas ya de aquella atroz matanza, que convirtió las calles en arroyos de sangre, fueron confortados con una visión que refiere de esta manera Justino Antolínez: «Cometidas ya las abominaciones referidas, y aprisionando los cristianos en la iglesia, estando una noche tristes y afligidos, considerando las ofensas que en aquel templo se habían hecho a su majestad, y los tormentos que esperaban padecer, entró por las ventanas un tan grande resplandor, y duró tanto tiempo que juzgaron haber puesto los moros fuego a todo el pueblo. Salieron de esta duda porque el beneficiado Francisco Juez, que le tenían preso en la torre de Villalobos (hombre de singular virtud y ejemplar vida), les envió a decir que tuviesen buen ánimo y estuviesen firmes en la fe, porque les certificaba que había visto aquella noche el cielo abierto con notable resplandor, y así se tenía por sin duda, que los que en esta persecución muriesen irían a gozar de Dios.

Pasaron aquella noche con este regalo y merced del cielo los cautivos con gran consuelo, encomendándose muy de veras a Dios».

Revelación es ésta que tiene su natural complemento en otra que tuvo el arzobispo don Pedro de Castro, y que los párrocos y beneficiados, que en tiempo del arzobispo don Diego Escolano regían las parroquias de la Alpujarra, refieren en un manifiesto que escribieron por orden de este prelado. He aquí la parte del manifiesto que al caso presente se refiere, y lo traen las Actas de Ujíjar. Dice así: «Constante cosa es, y lo refiere doctor don Alonso Valdivia, Canónigo que fue de la Villa de Ujíjar, y después murió Religioso Profeso de la Compañía de Jesús, varón de ejemplaridad y costumbres, y a quien se debe dar mucho crédito por la estimación que de su virtud hizo el Ilmo. señor don Pedro de Castro, y es que estando en oración en el Sacromonte de Granada dicho señor arzobispo, vio una procesión de mártires vestidos de blanco con estolas carmesíes, y palmas en las manos, y el que les guiaba mirándole con ceño, le dio amorosas quejas por el olvido que tenía de él y de sus compañeros, teniendo tanto cuidado como tenía de los de Sacromonte; y preguntado por el santo prelado quiénes eran, les respondió que los Sacerdotes y beneficiados que padecieron martirio en el alzamiento de los moriscos de este reino, porque se podía entender que eran los mártires que padecieron en esta tierra en tiempo de san Tesifón obispo de ella, que en todos tiempos ha dado mártires a la Iglesia esta provincia. Pues ¿qué debo hacer?, les repitió el santo prelado. No olvidarnos tanto, siendo nuestro Pastor. Entonces el vigilante príncipe envió a llamar a dicho doctor Valdivia, y le dio comisión en forma para que viniese por todas las villas y lugares, donde tuviese noticia que el tirano Abenfarax hubiese ejecutado algunas sentencias en algún cristiano, en odio a la fe y lo averiguase, y remitiese las informaciones que hiciese en bastante forma, como lo hizo, y estas informaciones se llevaron al Sacromonte, donde presente se hallaba su Sria.».

Hermosa y en gran manera consoladora resulta esta visión celestial. Cuando se leen los atroces tormentos que sufren los sacerdotes, al contemplarlos ahora en este vistosísimo ejército, vestido de gloria, triunfantes ya en el cielo, ostentando las insignias de su sacrificio, en aquellas estolas carmesíes, que a la vez que demuestran su condición sacerdotal, recuerdan la púrpura de su sangre, y aquellas palmas, representación del triunfo más insigne del hombre, ya que entregó por su fe cuanto tenía, no podemos menos de ver en ella una aprobación de su martirio, una revelación de su gloria, y una voz de Dios que habla por boca de aquel abanderado de la legión triunfante a los de la iglesia militante: que trabajen por ponerlos en el catálogo de los santos en la tierra.

No tenemos por qué hacernos eco ahora de la sentida queja que envuelven las palabras dirigidas al arzobispo, tanto porque ya en otra ocasión hemos hablado de la extraña conducta que con los mártires se ha observado, como porque las palabras son demasiado claras para que necesiten comentario. Solo una cosa añadiremos: si el arzobispo don Pedro de Castro hizo bastante con abrir una información en toda la Alpujarra, no habiendo podido terminar la tarea emprendida de llevar hasta Roma la causa de los mártires, quizá por su traslado a Sevilla, y habiendo ocurrido lo propio con el arzobispo Escolano, por causas que ignoramos, aprendamos al menos el ejemplo que tan beneméritos prelados nos legaron, y recogiendo el fruto de sus trabajos con ambas informaciones, no cejemos hasta ver en los altares aquellos gloriosos mártires, de las vestiduras blancas, estolas carmesíes y palmas de triunfo, ya que con lo sucedido tenemos bien expresa y clara la voluntad divina, y los deseos de sus fidelísimos siervos, que piden con toda justicia verse glorificados con sus millares de compañeros de martirio, por el voto y admiración de sus amados compatricios, los fieles de la diócesis granadina, muy en particular por los que habitan aquellas tierras, teatro feliz de sus gloriosas hazañas.

Párrafo II. Procesiones nocturnas de luces, y otras señales en Bayárcal. El testigo Juan Muñoz por Pascua de Navidad ve cruz, pendón y luces. Testimonio del Presbítero Salvador Dorador sobre lo visto por él y otras personas en diversas épocas. Catalina Murillo, entre otras cosas extraordinarias, refiere una procesión de luces que salía de noche de la iglesia y sacristía, espectáculo de gran consuelo. Francisca Beltrán ve una cruz luminosa sobre el tejado de la iglesia y en otra ocasión vio juntamente con su hijo una cruz como de plata. Miguel López ve una procesión a media noche de luces que ora aparecían, ora se apagaban, que salía del aljibe de los mártires. Parecidos fenómenos ve de noche viniendo de Paterna, Catalina Ruiz. Las luces como medio de descubrir reliquias, cosa ordinaria en la Historia de la Iglesia. Otros prodigios

Fue Bayárcal, como se ha podido ver en lo referido en otros capítulos, uno de los puntos más castigados por la persecución, y por lo mismo dio un gran contingente de mártires. Pues bien, entre otras declaraciones que se dieron sobre las luces, está el testimonio de Juan Muñoz, venido hacía poco tiempo de Santander, nuevo, pues, en la tierra, y que ejercía el oficio de sastre: el cual dice en su declaración jurada que el año anterior de 1667, por pascua de Navidad, hacia la media noche, vio una cruz, detrás de la cruz un pendón y detrás le seguían cuatro luces, como de hacha de cuatro pabilos que se apagaban y encendían. Persuadióse que sería el cura que llevaba el Viático a algún enfermo, aunque le parecía que a aquella hora llevaría menos luces. Como las luces se movían, y él al mismo tiempo caminaba a su casa a encerrarse en ella, llegó un momento en que estuvo a unos quince pasos de ellas. En esta disposición llegó a su domicilio, y muy preocupado por lo que pudiera ser, antes de encerrarse él, volvió de nuevo la cabeza y vio que las luces pasaban junto a la torre de la iglesia. Sobrecogióle mucho entonces el miedo, y se encerró en su casa con determinación de no decir, por vergüenza, lo que había visto. Mas como oyese a otros vecinos del mismo pueblo que habían visto fenómeno semejante, contó él lo sucedido, y todos estuvieron conformes en dos afirmaciones: primera, que estas cosas habían ocurrido ya varias veces, y segunda, que hacía Dios estos prodigios para manifestar que hubo mártires en aquellos lugares. Estos mismos prodigios habían visto otras personas, que no eran de aquella tierra, como los del marquesado, que pasando a deshora por Bayárcal, habían sido sorprendidos con parecidas maravillas. Así se expresa este sujeto, que por llevar en el pueblo cuatro años apenas, nada de esto sabía al ocurrir el prodigio que tanto le preocupó, y cuyo misterio no supo hasta haberse explicado con otros de la tierra.

Lo mismo en sustancia, respecto a Bayárcal, dijo en su declaración en Paterna, en donde era beneficiado al tiempo de dar su declaración, el licenciado don Salvador Dorador, el cual entre otras muchas cosas que acerca de los mártires declaró, dijo también, por haber vivido en Bayárcal, que entre doce y una de la noche vio una luz en el lugar donde hay puesta una cruz por respeto a la memoria de un sacerdote, que martirizaron en aquel lugar. Y con ocasión de esto, añade que ha oído a sus padres y a otras personas, lo de apariciones de luces, así en este mismo lugar, como alrededor de la iglesia y en la torre.

Catalina Murillo Velarde prestó juramento ante el doctor don Juan Leiva, encargado como sabemos de esta clase de informaciones, y entre infinitas cosas que contó de los mártires, contó también algunas sobre las luces que se vieron en Laujar, lugar de su declaración. Dice que en el mismo lugar en donde habían sido martirizados muchos cristianos, en tiempos antiguos, bastantes personas habían visto muchas procesiones de luces, y un sujeto había ido siguiéndolas hasta llegar al sitio donde se consumían y acababan.

Y ella misma viniendo de Andújar, de Nuestra Señora de la Cabeza, con otras personas, de noche, las vieron clara y patentemente; y dando prisa a las cabalgaduras, y llegando cerca de ellas se ocultaban para volver a aparecer después de apartarse de aquel lugar. No solo esto, sino esta misma testigo, viniendo con su marido en cierta ocasión, haría ya cuarenta años, vieron ambos con sus propios ojos al pasar junto a la iglesia, y dando vuelta a la misma, para buscar su casa, muy grandes luces, que salían por las puertas de la iglesia y de la sacristía; y pararon a verlas, por ser espectáculo que les consolaba mucho el alma. Fue motivo esto para que, contando ellos a los vecinos aquel espectáculo tan consolador, vinieran a quejarse a ellos de que no hubiesen avisado a los demás. Consecuencia de esto y de otras visiones de luces, el señor arzobispo ordenó al vicario Castañeda abrir una información sobre el particular, y resultado de ella fue también que en dicho lugar se encontraron huesos, que fueron traídos a la iglesia, y puestos en un arca, sin que se tenga noticias de que hayan sido trasladados a otra parte.

En la misma villa de Laujar, doña Francisca Beltrán y Corvera, mujer muy anciana, prestó su declaración en la forma acostumbrada, y dijo haber visto hacía unos veinte años, una tarde de primavera poco después de ponerse el Sol, a la hora del Ave María, sobre el tejado de la iglesia, distante ésta como unos cien pasos de su casa, una cruz atravesada, no llana ni derecha, sino como cuando la llevan a hombros, de color de reflejos de Luna, y como de unas seis varas de larga. Hizo muchas diligencias para convencerse de la realidad de la visión, restregándose los ojos, no obstante lo cual la pudo contemplar por espacio de un cuarto de hora, dejándola en la misma conformación y bajándose al interior de su casa; y no lo dijo a persona alguna, hasta que lo dijo hacía pocos días al presbítero licenciado don Juan Calvache. Dijo, además, que por aquella misma fecha, viniendo por las eras con su hijo Gabriel, escribano de su majestad, vieron ambos detrás de una cruz, que hay en dichas eras, y a la cual quiso adorar y rezar, otra cruz de color de plata, que excedía la magnitud de la otra. Y ella le encomendó silencio a su hijo.

Con igual seguridad de juramento consta que Miguel López, mientras estaba con unos bueyes en el campo, vio a media noche una procesión de luces que pasaba por el aljibe de los mártires, se movió a ir con ellas, y llegando no vio a persona alguna, y entonces sobrecogido de espanto, dijo:

«Santos mártires, rogad por todos los pecadores». Dicho esto, las luces se amortiguaron menos una. Al poco rato se vuelven a encender, y caminaron hacia la ermita de san Sebastián, y después de dar vuelta a la balsa de la puerta de la ermita, volvieron al aljibe, y allí se acabaron. Otro tanto dijo Catalina Ruiz, quien declara que viniendo de Paterna con otras mujeres de noche, por sitio desde donde se descubre la ermita de san Sebastián, vio, y las demás mujeres también, que una procesión de luces venía desde unos olivos que están en el camino de Alcolea hasta la ermita, y dando vuelta a la iglesia, volvieron adonde habían salido, donde se acabaron; todo lo cual les llenó de miedo y echaron a correr, persuadidas de que aquellas luces eran señales del cielo por los mártires que en otro tiempo hubo en aquel sitio.

Quizá hemos sido demasiado prolijos en este punto de las luces, y así dejo de referir otros casos: basta con lo dicho para comprender lo que me propuse, y es que, como dicen las Actas, «cuando no hubiera habido para calificar las reliquias de estos santos más auténticos testimonios que las muchas luces y resplandores que se han visto y registrado en varios tiempos y lugares, era suficiente para su calificación». Y es así, que éste ha sido el estilo, por decirlo así, de Dios, con diversos santos en la Iglesia. Con luces, en efecto, manifestó Dios el cuerpo de Santiago de Compostela, después de quinientos años que se había perdido su memoria. Dígase la propio de una reliquia de san Andrés en Navarra, y otra de san Pedro Mártir, obispo de Braga. Por una luz se calificaron las reliquias de los que padecieron martirio en san Pedro de Córdoba. Según san Gregorio, unas luces descubrieron el lugar donde fue martirizado san Hermenegildo, y por luces se descubrieron los mártires de Arjona, y por luces principalmente se descubrieron las reliquias del primer obispo de la diócesis, san Cecilio. Y pudiéramos contar más de una docena de santos todavía, y no sé si habríamos acabado, cuyas reliquias por luces han sido descubiertas, algunos tan notables como los cuarenta mártires, y san Eduardo rey de Inglaterra, al cual, como afirma Gregorio Turonense, había muerto y escondido la malvada reina.

A este género de signos sobrenaturales y prodigios, pueden referirse otros en cuyo examen no quiero entrar, por evitar nueva prolijidad, tales son las voces y músicas celestiales, que certifica haber oído Magdalena Frías, y la música sonora y dulce que oyó la mañana de Resurrección Catalina

Moreno, y la visión de Luis Nuño, que vio la noche de Navidad un sacerdote vestido de blanco y con bonete dirigirse a la iglesia.

Y terminemos con el prodigio ocurrido en los funerales que el patriarca beato Juan de Ribera ordenó hacer en sufragio de los muertos en la rebelión de los moriscos en la Alpujarra; y es en todo semejante a otros dos que refiero en mi libro de Páginas Históricas de la Virgen de las Angustias: pesada la cera empleada en el funeral antes y después del funeral, se pudo ver con admiración de los que de ello tuvieron noticia, que la cera no había disminuido ni un solo adarme.

Párrafo III. Las reliquias. ¡Los cristianos a las fieras! Tres mil cristianos insepultos. El soplo de la ira de Dios. Reliquias de Alcutar. Enterrados unos cadáveres por los soldados del marqués de Mondéjar, son descubiertos en 1654 con sangre fresca. El arzobispo Argaiz ordena se guarden en arca con llave las reliquias. Vicisitudes en su conservación. Don Juan Leiva abre nueva información. Otras señales sobre estas reliquias, luces, cantos angélicos, los morales paralizados en su desarrollo y crecimiento

Si en los días de la rebelión se hubiese dispuesto de aeroplano en el que poder subir a contemplar la región alpujarreña, se la hubiera visto cubierta, en toda su extensión, de cadáveres horriblemente mutilados y devorados en muchas partes por los perros y por las aves de rapiña. Las estribaciones meridionales de la Sierra Nevada y la Contraviesa habían formado en sus pendientes como la gradería de un Coliseo gigantesco, en el que se había escuchado el grito del populacho embravecido pidiendo en el vértigo de la crueldad, como el pueblo romano: «¡Los cristianos a las fieras!» La tierra aparecía por todas partes, en las laderas, en los barrancos y en las mismas calles, ensangrentados, cubiertos con el hermoso manto de púrpura de la sangre generosa de los cristianos. Unos tres mil cristianos yacían insepultos en una vasta región, donde formaban contraste con los cadáveres los humeantes restos de centenares de iglesias destruidas, y la turba de mujeres y niños que vagaban al azar, sin familia, sin hogar, sin pan y sin otra esperanza que el cautiverio, en donde al fin vinieron a consumar su desdicha. Desde

Lanjarón hasta Huécija y —Canjáyar, el campo no diremos parecía un campo de batalla, después de desastrosa derrota, porque en ninguna guerra quedan los cadáveres enteramente desnudos.

¡Los cristianos a las fieras! Quizá desde la Roma pagana nunca se había oído tan salvaje este grito como en la Alpujarra: a las fieras de los moriscos primero, simbolizadas en las bestias de la visión de san Alonso; a las fieras del campo después. Una orden severa, cuya inobservancia se castigaría con rigor, mandaba dejar insepultos y desnudos los cadáveres de los cristianos viejos, asesinados en la rebelión, y con tal severidad se observaba la orden, que en alguna ocasión en que una familia caritativa dio sepultura de secreto a uno de sus miembros, fue desenterrado con la misma rabia con que se le había martirizado, y para hacer imposible otro intento de sepultura, se le hizo menudos pedazos y se esparcieron por el campo.

Vano intento, sin embargo: sobre aquellos restos, como sobre los huesos de la visión de Ezequiel, descendería a su tiempo el soplo de Dios, para revelar su gloria primero con prodigios y más tarde para resucitarlos gloriosos en el día de la cuenta. Pero, entre tanto, también había de descender justiciero y arrollador, y como el huracán que barre el polvo de los caminos, así había de barrer de la Alpujarra, primero, y de España, después, a los autores de tales inhumanidades, arrojándolos más allá del mar, a tierras africanas, de donde tantos siglos antes habían salido para inundar de males nuestra península.

Bien se echa de ver cuál había de ser la suerte de las reliquias de los mártires, diseminados sus cuerpos por el campo, en los precipicios y barrancos. Muertos casi todos los hombres, cristianos viejos, presas en los castillos y las iglesias las mujeres supervivientes, asolada la tierra por la guerra que aún duró por más de año y medio, y dueños de la misma todo el tiempo los moriscos, era punto menos que imposible se ocupase persona alguna en recoger las reliquias para ponerlas en lugar seguro. Fue necesario que Dios descubriese el paradero de algunas por medio de prodigios en muchas ocasiones y de milagros evidentes en no pocas. El medio principal de que se valió el Señor fue el prodigio de las luces que ya en la historia de la Iglesia se ha repetido muchas veces, y ha servido como en esta ocasión, para que los fieles pudiesen recogerlas y ponerlas donde los católicos pudieran venerarlas, como queda referido en el párrafo anterior.

Cerca de los Bérchules, en un anejo de esta parroquia llamado Alcutar, tuvo lugar un suceso milagroso con unas reliquias encontradas cerca de la iglesia de este último punto. Según la historia de los mártires, en aquella haza habían sido inmolados muchos cristianos entre acerbos tormentos. Un escuadrón de moriscos pega fuego a la iglesia, imagen y retablos; rompen las pilas y hacen banderas y alquiceles de los ornamentos. Quitan la vida con diferentes tormentos a muchos cristianos, entre ellos al cura Juan de Montoya, al que cortan la mano y lo juegan a la ballesta. Hacen aspas de los árboles, crucificando a unos y colgando a otros. No contentos con esto, les hacen pedazos y cuelgan las entrañas de los morales. Pocos días después de esta matanza, pasan por este punto los soldados del marqués de Mondéjar, que iban al alcance de los moriscos. Como no dio lugar a otra cosa, con prisa enterraron, de la manera que les fue posible, los cadáveres que, según costumbre, habían dejado tirados en el campo los agarenos. Al abrir unas zanjas junto a la torre el año 1654, cerca de un siglo después de los martirios, para edificar una casa para el beneficiado, se tropieza con huesos de nueve esqueletos. Concurrió el pueblo a este descubrimiento, y delante del beneficiado, del alcalde y de un religioso de san Antonio abad de Granada, que casualmente se hallaba allí, se fueron sacando los huesos con admiración de los vecinos, que se los llevaban con mucha devoción y, respeto por reliquias. Sucedió, pues, una cosa maravillosa, y fue que se halló una calavera con señales de heridas, con sangre tan fresca que, limpiándola con un pañuelo, se tiñó de sangre como si acabara de derramarla.

Se pudieron separar cabellos unidos entre sí por la sangre cuajada y como reciente, y pudieron contemplar todos también una quijada, manchada de sangre fresca, y con sus dientes blancos y brillantes, como si perteneciera a una persona viva, y muchos besaron y pusieron las reliquias sobre sus ojos.

De esto dieron fe dos escribanos, por encargo del beneficiado, quien dio cuenta del caso al señor Argaiz, arzobispo en aquella fecha, el cual mandó que las reliquias se encerrasen en una arca con llave y se guardasen en lugar decente. Las actas notariales se encerraron asimismo en una caja de lata, que se puso dentro de la caja en que iban encerrados los huesos.

Esta caja, fabricada dicen en forma de baúl, se colocó en el segundo suelo de la torre, y el año 1662, con ocasión de hacer obra en la iglesia, como dos albañiles, venidos a este propósito, no tuviesen cómodo alojamiento, dispusieron utilizar la habitación ocupada por la caja de los huesos, y así bajaron ésta a la iglesia. Estaba en esta ocasión ausente el beneficiado, y los albañiles determinaron colocarla en la iglesia, en un altar que se había de edificar al santo Cristo. Cuando hicieron este traslado advirtieron los albañiles que la caja tenía quitado un clavo, y que por el agujero, que cabía una mano, se habían sacado algunos huesos.

En la obra de la iglesia parece cayó un arco sobre la caja y la destrozó. Con este motivo sacó los huesos grandes el albañil y los colocó debajo del altar del Cristo, en un hueco tableado al efecto, y los pequeños, él y el sacristán los enterraron; recatando toda esta operación del beneficiado, pues sin su permiso habían sacado de su lugar la caja. En este destrozo se perdió la caja con las actas notariales. Al llegar a esta población don Juan Leiva con el intento de averiguar la historia de los mártires, enterado de lo acaecido en el descubrimiento de las reliquias quiso verlas, y con este fin deshicieron el altar, aparecieron los huesos grandes, pero no los restantes ni la caja de las actas. Abrieron nueva información, y como afortunadamente vivía don Jacinto Zapata, éste dio nueva copia del acta de la invención de las reliquias. El vicario, por su parte, certificó ser las mismas por tener muy conocida la calavera que se manchó de sangre.

No se contentó el Señor con estas señales milagrosas de la sangre, sino que abundó en otras muestras de su bondad sobre las mismas reliquias. No hablamos de las procesiones de luces de noche que sobre estas reliquias, como sobre las otras, se dejaron ver y pudieron contemplar muchas personas, toda vez que de este punto y, muestras visibles del cielo nos ocupamos en el párrafo anterior, por haber sido el fenómeno, llamémosle así, más generalizado, y del que el Señor quiso hacer gala en todas, o en casi todas las reliquias, de que queda memoria.

Fue el caso que el mismo día del descubrimiento de las reliquias de Alcutar, y, de su traslado a la iglesia, un vecino de este pueblo, llamado Gabriel del Monte, hombre anciano, de buena calidad y juicio, viniendo, como decimos, el mismo día del descubrimiento de reliquias, a cosa de la media noche, de sus labores del Cehel, ignorante de cuanto había ocurrido durante el día del descubrimiento, y su traslado a la iglesia, al llegar a la plaza de Alcutar vio mucha iluminación en el templo, y oyó en aquella hora una música de voces celestiales. Tanto le arrebató y consoló todo aquello, que no pudo menos de ir al día siguiente al beneficiado a preguntarle qué clase de cultos y cantores había habido en la iglesia aquella noche, y le contó al pormenor todo lo que había visto de la iluminación y oído de aquellos conciertos angélicos. De sentir es ciertamente que tal hecho hubiera sucedido a hora tan intempestiva de la noche, cuando los vecinos de la aldea descansaban ya en sus lechos de las impresiones del día. Pero en fin, Dios es dueño de hacer sus prodigios cuando le place, y hemos de contentarnos con el juicio del beneficiado que garantiza a este hombre como hombre veraz, como anciano de juicio sereno, que dijo lo que vio y oyó.

No fue solo esta señal extraordinaria con la que el cielo quiso llamar la atención de los fieles sobre las reliquias de Alcutar. Había más de setenta años, según podían referir los ancianos, que aquellos morales sobre los cuales se pusieron las entrañas de los mártires no medraban nada, a pesar del mucho abono que reciben a causa de la siembra de garbanzos y maíces. Todos los viejos, incluso algún morisco que debió quedar después de que éstos fueron internados en la península, certificaban lo mismo. Y era esto verdad que saltaba mucho a la vista y maravillaba a todos los que lo sabían, pues estando en aquella época poblada la Alpujarra de muchos morales, podía fácilmente establecerse comparación con los demás, que, siguiendo la suerte de todos los árboles, crecían y se desarrollaban hasta adquirir su plenitud; pero en la haza, en la que tantos y tan horrendos crímenes se habían cometido, pesaba la mano del Señor, paralizó la vida del árbol, que no moría del todo para poder dar testimonio de que Dios le daba una vida a medias, pues no les dejaba dar todas las manifestaciones de su fuerza vegetativa, antes al paso que cada año se vestían como los demás de su follaje, jamás daban muestra de su crecimiento, permaneciendo siempre enanos. Diríase que sobre ellos había caído la maldición que echó Noé a su hijo Can en castigo de su pecado: Non crescas: no crezcas más. En cambio, los morales que en Válor sufrieron sobre su ramaje las entrañas de los mártires, que por escarnio pusieron allí los moriscos, desmedraron hasta perecer.

Apéndice. Desaparición de las reliquias de Berja, Laujar, Ujíjar y Alcutar

¿Y qué se ha hecho de aquellas reliquias de tantos santos mártires como quedaron muertos en las calles, en las plazas, en los campos y en los barrancos?

No era por cierto el tiempo más favorable para poder recoger y guardar aquellos restos, y ni siquiera había quien los recogiese, como ya dejamos indicado. No obstante, por las razones y circunstancias en cada caso dichas, vinieron a conservarse algunos en las siguientes poblaciones: en Berja, unas reliquias que fueron depositadas en un altar de la iglesia. A Laujar fueron llevadas las reliquias de los treinta niños mártires que fueron arrojados a un aljibe y el tiempo descubrió por el prodigio de las luces. En Ujíjar es tradición que en una habitación, que hay encima de la pila bautismal, se conservaba una caja con huesos. Y finalmente en Alcutar, barrio de Bérchules, se han conservado en su iglesia hasta hace poco las célebres reliquias de que en su lugar dimos cuenta.

Ahora bien, ¿qué se hizo de todas estas reliquias? El lector tiene derecho a preguntarlo, y el escritor deber averiguar, si es posible, lo que con las reliquias ha sucedido.

Así es, en efecto, que me tomé el trabajo de averiguarlo, y por cierto que preferiría no haberlo sabido. Hay que contener las lágrimas al adquirir la evidencia de lo ocurrido y a fuer de historiador imparcial dejar correr la pluma, para decir en breves líneas el resultado de mis investigaciones.

Escribí al señor cura de Berja, y resulta que un terremoto destruyó en 1808 la iglesia en que depositaron las reliquias: la iglesia antigua desapareció, pues, y entre sus ruinas quedó sepultado también el tesoro de las reliquias que en ella se conservaban.

En Laujar, por carta del señor cura, sé que la iglesia antigua es hoy un juego de pelota, y en los escombros de la iglesia debieron quedar los huesos de los niños de Berja, que fueron trasladados a ella del aljibe en que fueron arrojados.

En Ujíjar yo mismo presencié la subida por medio de una escalera de un albañil para penetrar por una ventana en la habitación en la que, según mis noticias, tomadas de las mismas actas de Ujíjar, estaban las reliquias; terrible desencanto: la habitación es, sin duda, la que señala la tradición, pero en ella no había nada absolutamente. ¿Qué ha sucedido con ellas? ¿Alguien hizo tal vez lo que el de Alcutar?

Y esta es la nota más digna de llorarse; la de Alcutar, pues las reliquias eran tan insignes, como dejamos consignado en su lugar. Dejemos en la oscuridad del olvido el nombre del que tal hizo, y digamos únicamente lo ocurrido, por cierto no hace mucho. Llegó a estorbar en la iglesia de Alcutar, para la mejor colocación de los faroles de los rosarios públicos, una arca de albañilería, adosada a la pared de la iglesia y cerrada por completo por la misma obra de albañilería, lugar adonde, después de muchas vicisitudes, habían ido a parar las célebres reliquias. Por este motivo fue destruida y los huesos venerandos de los mártires fueron a parar al cementerio, creyendo, sin duda, que eran restos de algunas sepulturas antiguas y, por consiguiente, que su propio lugar no era la iglesia, sino el cementerio común.

Adoremos los designios de Dios en todo lo ocurrido; aunque no deja de ser cosa digna de llorarse que al presente tengamos solo la cabeza de Gonzalico, que, como dijimos, se conserva en un nicho en el camarín de Nuestra Señora del Martirio. Pero volvamos los ojos atrás en la historia, y después levantémonos al cielo como para preguntar al Señor. Cierto que no se puede evitar el que asalte nuestra mente la terrible sospecha de que Dios, en castigo del poco cuidado que se tuvo con este tesoro, y del abandono notable en que se tiene la memoria de estos mártires, nos quiso privar de unas joyas que no supimos estimar. Aún estamos a tiempo de enmendar nuestro yerro, cooperando cada uno en la medida de sus fuerzas a la beatificación de los mártires.

Capítulo XI. ¿Fueron verdaderos mártires?

Párrafo I. Importancia suma del tema. La primera dificultad. Carácter de la rebelión. La abjuración exigida. Destrucción de las iglesias y monasterios. Primer período de la guerra. Beato Marcos Criado, mártir. Doctrina de santo Tomás sobre el martirio. Condiciones exigidas por el cardenal Cayetano. Testimonio de Antolínez. El Monasterio de Cardeña. El martirio supera las fuerzas naturales. Lo que pide el derecho Canónico

He aquí una cosa que hay que dejar fuera de toda duda, pues si no lo fueron, hemos perdido el tiempo, por lo menos en cuanto al intento principal que tuvimos al escribir este libro. Como también lo habrían perdido los arzobispos don Pedro de Castro, el primero que mandó hacer informaciones, y don Diego de Escolano, más tarde, quien, a las nuevas informaciones que hizo, añadió el escribir su Memorial encaminado a probar lo mismo, para remitirlo al papa y a la reina gobernadora; por no citar otros que hicieron trabajos de investigación, con idénticos motivos, ni a los historiadores que se quejan alguno con acerba censura de los prelados, de tener tan olvidado este asunto.

La primera dificultad, y quizá la única, que puede presentarse, y que no deja de ser una objeción seria, es el carácter de la rebelión, que a primera vista puede parecer una guerra política, sin otro fin que sacudir el yugo del dominador, y en consecuencia pudieran parecer los martirios incidentes de una guerra y no verdaderos martirios.

Desgraciadamente la guerra y rebelión fue tal que, sin perder ese punto de vista político, en el fondo fue más guerra religiosa que política, como lo venía siendo en estado latente desde que se empezaron a dictar medidas en orden a que los moros bautizados vivieran como tales cristianos. Y esto fue lo que los irritó e hizo por fin estallar aquella formidable rebelión: el que con tales medidas, urgidas ya últimamente, se les obligaba a dejar sus prácticas religiosas musulmanas. Y sobrada prueba de lo que decimos fue el procedimiento que se tuvo en todos los pueblos por parte de los moriscos monfíes. Lo primero predicar la religión de Mahoma e intimar la apostasía de la religión cristiana. Y esta predicación e intimación iba acompañada de grandes amenazas de muerte para los renuentes, y no menos grandes ventajas y promesas para los que quisieran seguir la secta de Mahoma. Y se llevaba a cabo esto con tan porfiado empeño, que a veces la lucha para hacerles prevaricar duraba varios días y en ocasiones todo el tiempo del cautiverio. Y de ordinario sucedía que el encono y saña con que los mataban, era por la resistencia y tenaz negativa con que respondían siempre a sus requerimientos, promesas y amenazas. Coléricos los verdugos, irritados con la negativa, se enardecían, salían fuera de sí, y ponían tal coraje y fiereza en la venganza, que se explica perfectamente la crueldad y ensañamiento con que se vengaban de sus pobres víctimas, sin perdonar a los mismos de su nación, como se vio en el martirio de mujeres moriscas. Solo el oír pronunciar los nombres de Jesús y de María, hacer la señal de la cruz o el elevar los ojos suplicantes al cielo, les desatinaba y redoblaban su furia con la víctima.

Por si esto no es bastante muestra, véase lo que hacían en las iglesias, en las cuales no perdonaba nada su furor: desde el sagrario, los vasos sagrados y ornamentos, hasta las imágenes, confesionarios, cuadros y retablos: todo era acuchillado, arcabuceado, destrozado e incendiado, sin dejar cosa sagrada en que no ejecutaran su furor. Y daban tal preferencia a todo lo que pudiera servir para destruir hasta el nombre de cristiano, que aún los ladrones de profesión, como los monfíes, parece tenían más interés en estos incendios y sacrilegios que en saquear las casas de los cristianos, aunque tampoco dejaron de hacerlo. No se pierda nunca de vista que guerra religiosa es lo que habían predicado sus alfaquíes y los directores de la conjuración, y a esto iban encaminados los jofores y revelaciones, y las promesas de victoria segura.

De modo que mientras no subieron a la Alpujarra las huestes cristianas y los moriscos y monfíes camparon por su respeto, la guerra no tuvo otro, carácter que éste; y hasta las pobres cautivas hubieron de sufrir en sus prisiones los ataques a la fe, y las consabidas amenazas y promesas con intento de hacerlas prevaricar. Cuando llega el tiempo de pelear por su independencia con el ejército cristiano y se han de defender en campo de batalla, ya habían muerto a sus manos todos los mártires de los cuales hacen mención las historias, sin que nadie les fuese a la mano, y sin que encontraran resistencia alguna.

En resumen: en todo este tiempo no hay sino de una parte el tirano que da a elegir entre la muerte o la apostasía, y de otra el cristiano que se entrega a la muerte por no renegar.

Descartada esta dificultad, el hecho que puede deducirse como concluyente es la beatificación del beato Marcos Criado. Este bienaventurado varón sufrió una muerte idéntica a muchas de las que sufrieron los demás, durante la misma rebelión y por los mismos verdugos. Ahora bien, si la Iglesia no ha encontrado dificultad alguna para considerar como verdadero mártir al beato Marcos Criado, claro es que no habrá de encontrarla en los demás que murieron en la misma rebelión, y por la misma causa y los mismos verdugos, y con idénticas circunstancias en su martirio. En realidad, aquí pudiéramos hacer punto final, pues parece tiempo perdido el que se emplee en probar que son verdaderos mártires. Con todo, no podemos dispensarnos de hacer un análisis de la naturaleza intrínseca del martirio, para ver si en estos de la Alpujarra se cumplen a la letra las condiciones que teólogos y canonistas exigen para el verdadero mártir.

El angélico santo Tomás afirma que aquel católicamente se dice ser mártir que es testigo de la fe cristiana, por la cual se nos proponen cosas visibles, que se han de menospreciar por las invisibles; porque como dice san Pablo escribiendo a los Hebreos, en el capítulo once, pertenece al martirio que el hombre dé testimonio de la Fe, mostrándose en la obra que desprecia todas las cosas presentes para venir y alcanzar la fortuna invisible. Y el cardenal Cayetano, siguiendo esta doctrina del Angélico Doctor, asienta que deben concurrir en el verdadero martirio cuatro cosas: La primera: confesión externa, porque conviene que sea testimonio delante de los hombres, para los cuales solo pueden ser ciertas las visibles y exteriores. Segunda: que la empresa y hecho que se toma para atestiguar, sea el sufrir la muerte. Tercera: que aquello de que se da testimonio sea verdad pura de la fe. Y cuarta: que aquel en cuyo favor se da el testimonio, sea Dios, el cual por su Hijo reveló la verdad de la fe.

Otras circunstancias también deben concurrir (que en otras partes tocó el Angélico Doctor) para que se pruebe el verdadero martirio, que tampoco han faltado en nuestro caso. La primera es que no basta la pena, sino la causa: un mismo género de muerte, en efecto, puede ser castigo de un criminal y gloria de un mártir. Segunda, que la muerte ha de ser voluntaria. La tercera, que ha de haber perseguidor o tirano. La cuarta, que ha de ser persecución en odio a la fe; y del que la padece, que sea en su defensa por Cristo, cuya pasión fue ejemplar del martirio.

Con lo dicho anteriormente y con recordar solo lo que en los capítulos de los mártires dejamos consignado, no queda duda alguna de que a todos los cristianos, muertos en la Alpujarra por los moriscos, hay que considerarlos como mártires, pues se cumplen en ellos todas las condiciones dichas. En efecto, las cuatro condiciones que, explicando más la doctrina de santo Tomás, exige el cardenal Cayetano, se cumplen en ellos a la letra: Porque hay confesión externa de su fe, toda vez que así se lo exigían, y precisamente porque la confesaban, les daban la muerte; pues todos ellos sucumbieron por sostener su confesión de fe, sin que haya que lamentar una sola prevaricación. Aquello en cuyo favor ellos daban insigne testimonio, era precisamente verdad de fe, como exige la tercera condición, pues bien claro se les ponía a elegir entre la fe cristiana y la secta de Mahoma. Y que sea Dios, en cuyo honor se da el testimonio, que por su Hijo reveló la verdad de la fe, no necesita nos detengamos más a probarlo, después de tantas cosas como hemos dicho: el nombre de Dios, de Jesús y de María no se caía de la boca de los mártires durante los tormentos.

De la misma manera podíamos recordar las otras cuatro circunstancias tomadas asimismo de santo Tomás, pues las muertes no se sufrieron por castigo, sino por la fe. Estas muertes son tan voluntarias, que los mártires desprecian la vida que les brindan sus enemigos. No solamente hay tiranos, sino que todos los verdugos se vuelven tiranos. Y tiranos que imponen la muerte en odio, y odio terrible de la fe, que el mártir defiende por su parte hasta dejarse matar con exquisitos tormentos, los cuales sufren por amor de Dios y de su Hijo Jesucristo.

Todo lo dicho se puede confirmar más aún con lo que Antolínez dice acerca de los muertos en Terque y Huécija. Dice así: «Esto es en suma lo que sucedió en Terque y Huécija, pero porque del martirio que sufrieron los frailes Agustinos y los demás que murieron en las torres he oído hablar diferentemente, que riendo algunos defraudarlos de la honra de mártires, quiero, y aunque me detenga un poco, dejar en cuanto pudiere satisfechos los ánimos de los que en éstos y en casos semejantes hablaren con menos piedad de la que fuera razón.

Digo, pues, que cualquiera que con voluntad determinada padeciese por Cristo o por alguna virtud que inmediatamente tenga a Dios por fin y blanco, o muriere a manos de algún tirano, por odio que el tal tirano tenga a nuestra sagrada religión, es mártir como los santos Macabeos, muriendo por la ley de Dios, y Jeremías por haber predicado la verdad; san Juan Bautista por haber reprendido a Herodes, san Esteban por predicar y, enseñar la Ley evangélica, santo Tomás Cantuariense por defender la libertad de la Iglesia; los santos niños inocentes por el odio que Herodes tenía a Cristo, a quien pretendió quitar la vida quitándosela a ellos. ¿Porque quién, pregunto, hizo tantos niños mártires, sin preceder voluntad del martirio, sino el odio y mala voluntad que Herodes tenía a Cristo Redentor nuestro? Así lo dice el glorioso Bernardo en el sermón que hizo de la festividad: Si quaeris (dice el santo) eorum apud Deum merita ut coronarentur, quaere et apud Herodem crimina ut trucidarentur. Que es decir: Si se te hace dificultoso dar mérito donde no hay voluntad propia, busca en la voluntad de Herodes la causa que tuvo para quitarles la vida y hallarás que no fue otra sino el odio que tenía a Cristo.

Fray Domingo de Soto: in 4. dist. 13, quest. única, a. II, pone una conclusión que es la segunda; y parece en lo que dice que estaba viendo quemar las torres de Terque y Huécija. Dice, pues, «si los turcos en odio de Cristo quemaren algún castillo, los niños que allí murieren quemados, aunque no estén bautizados, morirán en gracia. Esto es decir, morirán bautizados con el bautismo de sangre, que es ser mártires, porque sin bautismo es imposible tener gracia. Pues si solo el odio del tirano que quema una fortaleza es bastante para que los niños que en ella murieren sean mártires, sin que los tales niños tengan voluntad de padecer, donde se halla voluntad tan determinada de morir por Cristo y en los moros odio tan conocido a nuestra sagrada religión y ministros de ella, como se ha visto en el discurso de esta historia, ¿por qué a los que murieron de esta suerte les habemos de negar la honra de mártires? Aprueba este parecer el padre Ribadeneyra en la vida del padre Francisco de Borja, dando título de mártires a cincuenta y dos padres y Hermanos de la Compañía de Jesús que, navegando al Brasil, les quitaron la vida los luteranos, en odio y aborrecimiento de nuestra sagrada religión. Y pues el odio del tirano que quemó las torres de Terque y Huécija es el mismo, debémosles dar el título de mártires que tan justamente se les debe a los que padecieron en ella. No les defrauden de tan glorioso título, ni a Huécija ni a Terque de la honra que les resulta, ni al reino de tales patronos».

Un testimonio insigne, de lo que venimos diciendo, lo tenemos en el monasterio de Cardeña: una noche los musulmanes asaltan el monasterio y degüellan a doscientos monjes que lo habitaban. En las condiciones en que estas muertes tienen lugar, no parece hay sino el asalto y el degüello, sin otra intimación a renegar de la fe. Se trataba de una correría de un rey moro por tierras de Castilla, y entre otras crueldades se cuenta ésta, que se lleva a cabo en una noche, cuando acaso los monjes se entregaban al descanso o estaban en oración. Aunque se suponga hubo la intimación de renegar y, la elección de la muerte por parte de los monjes, no pasa de ser un caso semejante a todos, o casi todos de la Alpujarra. Ahora bien, los monjes así degollados han pasado a engrosar el ejército de la Iglesia, ésta les considera como mártires, y se hace mención de ellos en el martirologio. No habiendo, pues, diferencia entre el género de muerte, no debe haberla en la manera de considerar a las víctimas.

No estará demás para redondear nuestros pensamientos y pruebas, añadir que el género de muerte voluntaria que sufrieron los mártires de las Alpujarras no se puede sufrir naturalmente: o lo que es lo mismo, que siendo incapaz el hombre de sufrir tales tormentos, y nos bastando las fuerzas naturales para sobrellevar el martirio, este es un milagro de la gracia de Dios, una obra divina en una palabra, y como tal comprobatoria de lo que venimos diciendo. Porque si Dios quiso hacer ostensible su poder en los mártires que morían en confirmación de la fe, no podemos desentendernos de esta voz del cielo, que pone a los de la Alpujarra en la categoría de los mártires de la Iglesia, ni dejar de considerar como bien clara y determinada la voluntad de Dios de querer en esta ocasión una nueva confirmación de la verdad de los dogmas revelados, por medio del testimonio de estos mártires; y por lo mismo exige del pueblo cristiano y de la Iglesia el reconocimiento de la dignidad de mártires en los de la Alpujarra, como en todos los demás de la Iglesia que en el transcurso de los siglos se vieron en idénticas circunstancias.

En confirmación de lo dicho, quiero poner el testimonio de un teólogo tan insigne como el padre Lercher, que en su teología prueba que el martirio no puede explicarse por causas naturales, y así viene a decir: «Tres son las causas naturales más principales que con alguna apariencia o razón de verdad se pueden dar como causa del martirio: 1.º La naturaleza humana, capaz por sí sola de tamaña fortaleza. 2.º La naturaleza humana acrecentada en sus fuerzas por el fanatismo, la soberbia o la pertinacia, y 3.º La misma naturaleza, ayudada de la esperanza y el deseo de la gloria eterna.

Pero el martirio no puede explicarse por ninguna de estas tres causas. 1.º Solo la aprehensión e imaginación de los tormentos causa un gran horror a la naturaleza. Hombres muy esforzados y robustos se horrorizan solo de presenciar una operación quirúrgica. Y claro está que mucho menos se puede decir de los niños y mujeres. Lactancio dice: «Los ladrones y hombres de cuerpo robusto no pueden soportar semejantes tormentos, dan voces y gemidos, se dejan vencer del dolor porque les falta la paciencia. Nuestros niños y mujeres, para no hablar de los varones, vencen con su silencio a sus verdugos, y ni el fuego les saca un gemido». 2.º En los mártires faltaba siempre el fanatismo, la soberbia y la pertinacia. Podrá suceder que alguno que otro arrostre semejantes tormentos por tales motivos; pero en manera alguna puede suceder que toda clase de hombres, de diversas condiciones, que matronas, vírgenes, niños y ancianos, y en regiones y tiempos tan diversos, se dejen arrastrar de tales pasiones. Tanto más que el furor fanático no lleva a sufrir injurias, sino a inferirlas. 3.º La esperanza de la gloria eterna, tan firme, que inspira a tantos una fortaleza suficiente para sufrir el martirio, no puede atribuirse a causas naturales; porque los bienes y males sensibles de esta vida, como presentes, conmueven más a los hombres que los bienes y males lejanos no presentes, y hasta ahora no percibidos por los sentidos. Pero prescindiendo de todo esto obsérvese cómo muchos cristianos fomentan en sí una firme fe y esperanza en la eterna bienaventuranza, y sin embargo, no siempre vencen ni las tentaciones ordinarias. Luego sola la esperanza de los bienes eternos no explica suficientemente el martirio. De aquí es que muchos gentiles se persuadieran que los cristianos recibían de lo alto una virtud especial, con la que superaban los tormentos. Esta persuasión era causa de que muchos de ellos se convirtieran a la fe de Jesucristo».

Estas razones tienen cumplida aplicación en las víctimas de la persecución de la Alpujarra, toda vez que en este caso ni por los tormentos, que a veces eran superiores a los sufridos por muchos mártires, ni por la manera de sobrellevarlos, ni por la condición de los sacrificados en medio de tales tormentos, a veces mujeres y niños, se diferencian en nada de los mártires a quienes el autor aludido aplica las anteriores reflexiones.

Con lo dicho salta a la vista también por qué a veces en la beatificación de los mártires, a falta de otros milagros, puede servir el milagro del martirio; pues a pesar de que el canon 2.116 dice que para la beatificación de un siervo de Dios se requiere además de la heroicidad en las virtudes o martirio, milagros alcanzados por su intercesión, todavía tratándose de los mártires, añade que si consta con evidencia del martirio, y de la causa del martirio material y formalmente considerado, y faltan milagros, deja en libertad a la Sagrada Congregación en decidir si en tal caso bastan las señales dichas, y si no bastan estas señales, si se ha de suplicar a su santidad para que dispense en el caso.

Ciertamente que en nuestros mártires no habrán faltado milagros en aquellos tiempos inmediatos a la rebelión, en los cuales los fieles, por la persuasión en que vivieron de que eran mártires verdaderos, los tomaron como valedores delante del Señor; pero como estas gracias a veces se quedan en el secreto de la familia, no ha llegado hasta nosotros otra noticia de milagros que los referidos en el capítulo de los prodigios, tales como las procesiones de luces, la sangre fresca que manó de las reliquias encontradas en Alcutar, el desmedro de los morales y otros que allí largamente referimos. Con el milagro del martirio, y de tal martirio, y los prodigios, hay a nuestro juicio causa suficiente para que, introducida la causa de beatificación, procediera en derecho sin tropiezo alguno. Pero en todo nos remitimos al juicio inapelable de la santa iglesia.

Capítulo XII. Justicia de Dios

Párrafo único. La sangre de Abel clama al Cielo. Muerte de Aben Humeya y Aben Abóo. Triste suerte de Aben Ferax. Visible muestra de la justicia de Dios. El monstruo humano. El camino de la expiación. Dispersión de los moriscos. Despoblación de la Alpujarra. Expulsión de los moriscos de España. Nuevas y terribles expiaciones

Acabada la matanza de los cristianos, quedaba en el campo y en los pueblos la sangre de los mártires pidiendo a Dios como la sangre de Abel venganza contra el fratricida Caín. Y Dios en efecto oyó este clamor y fue disponiendo el castigo de los verdugos. Perseguidos en efecto en el transcurso de la guerra de pueblo en pueblo, de cueva en cueva, y aun de peña en peña, los que no se redujeron antes, dejaron cubiertos con sus cadáveres aquellos mismos campos en que antes habían quedado muertos y destrozados los cristianos viejos, No faltaron, pues, moriscos que pagaron en la misma moneda, y que pudieron dejar a la historia una nueva confirmación de que: «quien a hierro mata, a hierro muere». Alcanzó principalmente esta maldición del cielo a los caudillos de esta rebelión. Aquel Aben Humeya que levantó bandera en Beznar y fue proclamado por rey, le ahogaron los suyos una noche con un cordel, y a la mañana siguiente enterraron en un muladar «con el desprecio, añade Mármol, que merecían sus maldades». A su sucesor Abén-Abóo, que se tituló rey de España, un golpe en la cabeza que le dio un morisco en una de las cuevas en donde se refugiaba en las postrimerías de la guerra con los pocos que le quedaban, le quitó la vida, y traído por los suyos a Granada, su cuerpo fue arrastrado y hecho cuartos, y la cabeza metida en una jaula de hierro, fue puesta sobre el arco de la puerta del Rastro.

Más espantoso aún fue el castigo que dio el Señor a Feraz Aben Feraz, autor de la rebelión, y de infinitas crueldades, incendios de templos y sacrilegios. Parecía un demonio encarnado y de entrañas de fiera. Y solo siendo una fiera se pueden explicar las monstruosidades y refinamientos de crueldad que hacía por sí o por los doscientos monfíes que capitaneaba; los cuales todos, como acostumbrados a la vida de salteadores, y a vivir en las cuevas como las fieras, imitaban perfectamente a éstas y a su capitán y caudillo. Por eso el castigo en Feraz Aben Feraz fue más notable y se vio más clara la mano de Dios en él.

Inspirados por él, o por su propia cuenta, habían arrancado los monfíes en muchas ocasiones a los mártires las narices, les habían cortado la lengua, les habían saltado los ojos, acuchillado los rostros y les habían deshecho la boca. Pues a este desgraciado ordenó el Señor las cosas de modo que, después de perder su poderío, quedase sin ojos, sin lengua, sin boca, sin narices y con solo un agujero en el lugar de la boca. El caso fue como sigue: Temiendo Aben Humeya que un hombre de tanto cuidado pudiese levantar bandera contra él, le privó del mando de los monfíes, a los cuales, con un pretexto o con otro, repartió en diversos lugares, y a él reservó junto a sí con apercibimiento de no salir del campo sin licencia, bajo pena de la vida. Aborrecido de moros y cristianos, vivió así hasta que desbaratado el campo de los moros por el marqués de Mondéjar, se huyó a Güéjar; hasta que Aben Humeya se rehizo. Temiendo entonces que si iba al rey le iría mal y peor si iba con los cristianos, no sabiendo qué partido tomar, decidió entregarse al Santo Oficio, del cual esperaba que, confesando sus culpas y pidiendo misericordia, no le matarían. Encerrado en una cueva, mientras llegaba una ocasión oportuna de la noche para entregarse, echóse a dormir, y un compañero que había con él, y que estaba encargado de convenir en nombre de ambos la entrega, sin causa que lo explique, sino la justicia de Dios que así lo dispuso, durante el sueño con una piedra le machacó el rostro, de forma que según dice Mármol «le quebró los dientes y las muelas y las quijadas, y le deshizo las narices, la boca y los ojos y toda la cara». Creyó que le dejaba muerto. Dos noches y un día, en efecto, estuvo como muerto en la cueva, hasta que llegando por allí acaso unos moros de Huécija, y viendo aquel hombre con la cabeza y la cara hinchada, y las heridas llenas de gusanos, y que aún vivía, le llevaron a un lugar, en donde curó de las heridas, pero quedó, prosigue Mármol, «como monstruo tan disforme que no tenía después semejanza de hombre; y cuando había de comer o beber le habían de echar el agua y el mantenimiento con un cañuto de caña por un pequeño agujero que le había quedado en lugar de la boca».

Cuando don Juan de Austria ganó a Güéjar, huyó con los otros moros, y anduvo después por la Alpujarra pidiendo limosna; y en la reducción general se redujo con los moros del valle de Lecrín, y con ellos le metieron tierra adentro.

De esta manera dispuso, ordenó Dios, los acontecimientos para que este hombre sanguinario sufriese su castigo. No hubiera sido corto éste si hubiere perdido la vida en la cueva, bajo los golpes que le dio el compañero; pero que el Señor le reservase para que fuese por la Alpujarra primero, más tarde por el valle de Lecrín y finalmente tierra adentro por los lugares adonde les tocó ser repartidos a todos los moriscos, publicando con su cabeza monstruosa la obra de la justicia de Dios, es cosa que maravilla y ofrece larga materia de meditación para los enemigos de Dios, todos los cuales, tarde o temprano, vienen a caer en sus manos. Qué humillación tan terrible para su soberbia, que había soñado con ser rey, verse reducido a la condición de una bestia, que hubiera de pasear su trabajo por las mismas tierras en que tantos crímenes había cometido, que hubiera de vivir en muchas ocasiones de la limosna de aquellos mismos a quien había privado de sus bienes, y que su vida hubiera de ser sustentada por aquellos a quien había dejado huérfanos y viudas. Y a vuelta de todo esto, sin lengua con que poder desahogar su pena y pedir misericordia, sin ojos para ver la luz del cielo, y teniendo que ser arrastrado por otro por los lugares más públicos, a la manera de un oso callejero, al que lleva el domador por las calles, como espectáculo curioso, a que todos concurren, mientras del corro de gente que se junta y saben quién es, parten denuestos, injurias, desprecios y golpes en no pocas ocasiones. Laméntase Mármol, y con razón, de no haber podido averiguar cuál fue el fin de este desdichado, aunque lo procuró con toda la diligencia entre los que fueron con él. Como quiera que sea basta y sobra con las noticias que tenemos para ponerlo a la vista de los lectores como un monumento digno de figurar en la lista de tantos como nos suministra la historia: de Arrio, que arrojó las entrañas por negar la divinidad de Cristo; de Juliano el Apóstata, que cae herido y arrojando al cielo un puñado de sangre, confiesa con rabia su impotencia diciendo a Cristo: «Venciste, Galileo»; de Voltaire, que en la embriaguez de sus triunfos había dicho refiriéndose a Jesucristo: Dentro de veinte años la victoria sobre el Infame, y muere el desdichado comiendo con desesperación sus propios excrementos; y de tantos otros que sería largo enumerar y que tarde o temprano caen en las manos de Dios justiciero.

No podían quedar sin algún castigo también los demás moriscos que habían quedado con vida después de la guerra y tenían sobre su conciencia, como los otros, la no pequeña participación en los saqueos y matanzas. Habían desmerecido seguir pisando aquella tierra, santificada con tanta sangre cristiana, y poseyendo aquellas heredades de que habían despojado a los cristianos viejos. Y humillada la frente, los ojos cubiertos de lágrimas y las manos oprimiendo el corazón que saltaba de pena, por orden de quien podía mandarlo, y con el fin de cegar la fuente de la rebelión, hubieron de dejar para siempre aquellos riscos y montañas en donde habían nacido, marchando con los demás del valle de Lecrín y de la Vega desterrados a lo interior de España, a vivir mezclados con los cristianos para hacerles más difíciles sus conjuraciones. Nada menos que 400.000 expulsos, que dejaron despoblados unos 400 lugares, según el historiador Lafuente Alcántara, y que fue necesario repoblar después con españoles venidos del interior, marcharon con la misma pena del que va a la cautividad para ser repartidos por Extremadura, Galicia, La Mancha y Castilla la Vieja. Desdichado espectáculo el ver caminar a manera de rebaños estas turbas de moriscos por las llanuras y los montes, llevando en la frente, como Caín, la señal de su fratricidio, envenenado el corazón con el odio de raza y en el alma el enorme peso de su culpa, que habían comenzado a expiar.

Comenzado a expiar hemos dicho, porque no paró aquí el castigo. Rebeldes a toda sujeción, traidores a todas sus promesas, renegados de la fe que habían recibido en el bautismo, y duros de cerviz para sobrellevar el yugo del vencido, no cesaron nunca los moriscos de toda España de maquinar la ruina de la nación, ya con nuevas rebeliones, ya con secretas inteligencias con turcos y berberiscos, hasta que años adelante fue necesario expulsarlos a todos del reino. Se había colmado la medida. Dios había agotado con ellos todos los medios que suele emplear para convertir un alma, y todo en vano: las largas esperas de muchos años con que los reyes fueran dando tiempo a la ejecución de sus órdenes, la suavidad de los tribunales, la predicación de la palabra de Dios continua, el buen ejemplo y celo de los prelados y las inspiraciones interiores y secretas con que el Señor daría aldabonazos a sus duros corazones, todo, no solo fue inútil, sino motivó que crecieran en su dureza a medida que se usaba con ellos más blandura.

Quiero dejar la palabra en este asunto a tan gran autoridad como la de Menéndez Pelayo, que en su libro de los Heterodoxos Españoles dice así: «La hora de la expulsión había sonado, y el desacierto de Felipe II estuvo en no hacerla y dejar este cuidado a su hijo. Ni el escarmiento de la guerra civil pasada; ni los continuos asaltos y arrebatos de los piratas de Argel, protegidos por ellos, que iban haciendo inhabitables nuestras costas de Levante; ni la inseguridad de los caminos, infestados por bandas de salteadores; ni las mil conjuraciones, tan pronto resucitadas como muertas, bastaron a decidirle a cortar aquel miembro podrido del cuerpo de la nacionalidad española. Todo se redujo a consultas, memoriales, pragmáticas y juntas: antigua plaga de España». Y entre tanto «no había vida cierta ni camino seguro», dice fray Marcos de Guadalajara. La rapiña y las venganzas mutuas de cristianos viejos y nuevos iban reduciendo muchas comarcas del reino de Aragón y de Valencia a un estado anárquico y semisalvaje. Las leyes se daban para no ser obedecidas, y la predicación no adelantaba un paso, porque todos los moriscos eran apóstatas. «Por maravilla se hallará entre tantos uno que crea derechamente en la sagrada ley cristiana», dice Cervantes.

La Inquisición apuraba todos los medios benignos y conciliatorios: absolvía a los neófitos con leves penitencias y sin auto público, e inauguró el reinado de Felipe III con un nuevo y amplísimo edicto de gracia para los que abjurasen de la ley muslímica y confesasen sus pecados. Tan persuadido estaba todo el mundo de la obstinación y simulada apostasía de los conversos, que llegó a tratarse en junta de teólogos valencianos si, para evitar sacrilegios, convendría no obligarles a oír misa ni a recibir los sacramentos.

Los moriscos, entre tanto, se arrojaban a mil intentonas absurdas: elegían reyes de su raza, se entendían hasta con los hugonotes del Bearne, y mandaban embajadores al gran Sultán, ofreciéndole 500.000 guerreros si quería apoderarse de España y sacarlos de servidumbre. ¿Qué mella habían de hacer en gente de tan dura cerviz los edictos ni los perdones, ni los esfuerzos del beato Patriarca don Juan de Rivera, enviando misioneros y fundando escuelas? Él mismo se convenció de la inutilidad de todo, y en 1602 solicitó de Felipe III la expulsión total de la grey islamita, fundado en los continuos sacrilegios, conspiraciones y crímenes de todo género que se les achacaban.

Muy cerca de 900.000, sino es que superó esta cifra, fueron los expulsos de las diversas regiones de España, puesto que a éstos hay que agregar los que perecieron antes de embarcarse, asesinados por los cristianos viejos, o muertos de hambre y fatiga, o exterminados en la sedición de Valencia. Adoremos los designios de Dios, y sin que aprobemos los atropellos que con ellos se cometieron por los encargados de ejecutar la orden de expulsión, veamos cómo Dios se valía de estos mismos abusos y descargaba sobre ellos la pesada mano de su justicia: era la hora de Dios.

Si mal les fue en España, no les fue mejor en los países a que arribaron, y así añade Menéndez Pelayo: «Ni moros ni cristianos les podían ver: todo el mundo los tenía por apóstatas y renegados. Sus correligionarios de Berbería los degollaban y los saqueaban, lo mismo que los católicos de Francia; algunos se dieron a la piratería e infestaron por muchos años el Mediterráneo». Y el licenciado Aznar de Cardona dice refiriéndose a lo mismo en su libro Expulsión justificada de los moriscos de España: «Salidos ya de los señoríos de nuestro católico rey, perecieron en pocos días, aquejados de mil duras pesadumbres... más de sesenta mil: unos por esos mares, hacia Oriente y Poniente: otros por esos montes, caminos y despoblados, y otros a manos de sus amigos los alárabes en la costa de Berbería; cuyos cuerpos han servido para henchir los buches desaforados de las bestias marinas, y los estómagos de los animales cuadrúpedos y fieras alimañas de la tierra». Verdaderamente que horrorizan las penalidades que padecieron los moriscos después de su salida de España; tales que llegaron a mover a compasión a sus más encarnizados enemigos.

Libros a la carta

A la carta es un servicio especializado para

empresas,

librerías,

bibliotecas,

editoriales

y centros de enseñanza;

y permite confeccionar libros que, por su formato y concepción, sirven a los propósitos más específicos de estas instituciones.

Las empresas nos encargan ediciones personalizadas para marketing editorial o para regalos institucionales. Y los interesados solicitan, a título personal, ediciones antiguas, o no disponibles en el mercado; y las acompañan con notas y comentarios críticos.

Las ediciones tienen como apoyo un libro de estilo con todo tipo de referencias sobre los criterios de tratamiento tipográfico aplicados a nuestros libros que puede ser consultado en Linkgua-ediciones.com .

Linkgua edita por encargo diferentes versiones de una misma obra con distintos tratamientos ortotipográficos (actualizaciones de carácter divulgativo de un clásico, o versiones estrictamente fieles a la edición original de referencia).

Este servicio de ediciones a la carta le permitirá, si usted se dedica a la enseñanza, tener una forma de hacer pública su interpretación de un texto y, sobre una versión digitalizada «base», usted podrá introducir interpretaciones del texto fuente. Es un tópico que los profesores denuncien en clase los desmanes de una edición, o vayan comentando errores de interpretación de un texto y esta es una solución útil a esa necesidad del mundo académico.

Asimismo publicamos de manera sistemática, en un mismo catálogo, tesis doctorales y actas de congresos académicos, que son distribuidas a través de nuestra Web.

El servicio de «Libros a la carta» funciona de dos formas.

1. Tenemos un fondo de libros digitalizados que usted puede personalizar en tiradas de al menos cinco ejemplares. Estas personalizaciones pueden ser de todo tipo: añadir notas de clase para uso de un grupo de estudiantes,

introducir logos corporativos para uso con fines de marketing empresarial, etc. etc.

2. Buscamos libros descatalogados de otras editoriales y los reeditamos en tiradas cortas a petición de un cliente.

www.ingramcontent.com/pod-product-compliance
Lightning Source LLC
Chambersburg PA
CBHW022154240626
47153CB00007B/2655